AF534420

John Berger
Woandershin
Farben | Kunst | Portraits

EDITION PETRARCA

Herausgegeben von Hubert Burda, Peter Hamm, Peter Handke, Alfred Kolleritsch und Michael Krüger

John Berger

Woandershin

Farben | Kunst | Portraits

Herausgegeben, übersetzt und mit einem Nachwort von Hans Jürgen Balmes

Wallstein Verlag

Inhalt

1

2

Anhang

I

Stillleben

Ein offener Brief an Marisa

In einer Ecke der Küche liegt auf dem Fensterbrett ein geöffneter Brief. An der weißgekachelten Wand dahinter hängt ein Plakat mit einem Esel. Neben dem Umschlag stehen ein Becher mit Pinseln und eine leere Vase. Durch das Fenster blicke ich auf Bäume.

Warum besuchen Menschen Museen und betrachten Bilder? Vermutlich gibt es auf diese Frage so viele Antworten wie Menschen. Eine weitere naive Frage könnte lauten: Wenn sie ein Bild wirklich gesehen haben, wo behalten sie es im Gedächtnis? Sitzt diese Erinnerung gleich neben denen an andere Orte? Gleich bei den spektakulären Sehenswürdigkeiten? Oder irgendwo ganz woanders? Du würdest das wissen, Marisa, aber du bleibst stumm.

Es scheint mir, dass wir Bilder in der Hoffnung betrachten, ein Geheimnis zu entdecken. Kein Geheimnis über die Kunst, sondern über das Leben. Und wenn man auf es stößt, bleibt es doch ein Geheimnis, denn schlussendlich lässt es sich nicht in Worte übersetzen. Aber manchmal gelingt es unseren Worten, eine unbeholfene, aus dem Stand skizzierte Landkarte zu zeichnen, um zu zeigen, wo das Geheimnis gefunden wurde.

Ich versuche mich an einer solchen Karte. Der Ausgangspunkt ist eine Kategorie von Bildern, die wir *Stillleben* nennen, *natures mortes* auf französisch und *bodegones* auf spanisch (was »aus dem kalten Keller kommend« heißen kann). Der Unterschied zwischen den Bezeichnungen ist bereits so verwirrend wie vielversprechend.

Ich werde damit beginnen, eine Linie zu ziehen: Zurbarán, Chardin, Cézanne, Morandi, Barceló. Wenn es dunkel wird, benutze ich meine Liste als Seil.

Ein paar grobkörnige, historische Verallgemeinerungen über die europäische Gattung Stillleben. Die Geschichte von beidem, Stillleben wie Landschaftsbildern, begann etwa gleichzeitig im Europa des 17. Jahrhunderts. Stillleben handelten vom Innern, Landschaften vom Äußern. Das Äußere sieht aus wie ein Bad, sagst du mit einer deiner Zeichnungen, und das Innere wie ein Schrank.

Die neue Mode von Stillleben wie Landschaften war in Holland, wo alles begann, eng mit dem Privateigentum verbunden: mit dem Stolz einzelner Landbesitzer und Gutsherrn. Bisher hatte man Haushaltsgegenstände, Blumen oder Nahrungsmittel nur als Details in großangelegten figürlichen Kompositionen verwendet, gerade so wie Landschaften nur als Ausblicke durch Fenster und Türen oder als Hintergrund eines erzählerischen Sujets. Wenn man diese Vorläufer ausschneidet und isoliert, zeigen sie eine gewisse Ähnlichkeit mit den späteren Landschaften und Stillleben. Aber es bleibt ein Unterschied, denn sie wurden bloß als *Details* gemalt. Sie sind hier, um etwas zu einem anderen beizutragen, nicht um für sich selbst zu stehen.

Du weißt besser als ich, was für einen entscheidenden Schritt es darstellt, einzig ein Küchenregal oder einen See zu malen. Es verändert die Vorstellung von dem, was am Sichtbaren bedeutsam ist; dass man Bedeutung und Schönheit auch woanders finden kann als in der Arena der großen Mythologien. Der Apfel des Paris war gleichbedeutend mit einem Gott oder einer Göttin. Die geologische Dramatik eines Tals konnte neben Medea und ihrer Geschichte bestehen. Vier einfache Töpfe auf einem Brett können ein Ritual bedeuten, das genauso nachhallt wie das Abendmahl mit den an der Tafel um Jesus versammelten Jüngern.

Mit diesem Schritt meine ich die Neuheit, die das Genre versprach. Ich denke dabei nicht an die Tausenden von Stillleben, die den neu geschaffenen Markt überschwemmten und in Privathäusern hingen, um zu beweisen, dass ihre Bewohner entweder reich oder gläubig waren. Denn die frühen Stillleben fallen mehr oder weniger in zwei Kategorien: Entweder zeigten die Bilder Dinge, die an die Sterblichkeit erinnern und so zur notwendigen Frömmigkeit mahnen, oder es waren Bilder von solch prahlerischer Fülle (üblicherweise an Blumen, Obst und Speisen, die aus kühlen Kellern stammten), dass man sie als Zeichen von Wohlhabenheit und Reichtum verstand.

Die meisten dieser Bilder sind nicht mehr als geschickte künstlerische Amusements, oder? Oft spielten sie mehr oder weniger überzeugend mit dem trompe-l'œuil-Effekt – ein Spiel, für das das Stillleben wie geschaffen schien, denn die gemalten Haushaltsgegenstände waren vermutlich von den wirklichen Utensilien umgeben. Wurde die Zitronenscheibe auf dem Tuch mit einem Messer geschnitten oder von einem Pinsel gemalt? Hat man den Fisch mit einem Strich aufs Papier oder mit einer Angel auf den Tisch gezogen? Wird die Fliege auf der Scheibe einen Ausweg aus der Küche finden oder ist sie gemalt?

Wie bei jedem Genre sind die Meister rar. Es sind jene, denen es gelang, die Nachfrage nach den neuen Bildern zu befriedigen und doch in ihrer Kunst darüber hinauszugehen. Aber ob man an Meister oder an bescheidene Handwerker denkt – das Genre besitzt eine eigene Logik, eine eigene Metaphysik, die seine Anwender entweder nur wenig oder sehr weit in eine bestimmte Richtung drängte.

Noch bevor man begann, Stillleben zu malen, hatten sie sich unfreiwillig angesammelt und standen überall auf Tischen und Regalen komponiert herum. Sie bestanden aus Gegenständen, die den Maler interessierten oder berührten. Stillleben sind eine Art Kunst des Bodensatzes, sie hängen mit der Mühe des Haushalts zusammen. Ein Zuhause mag reinlich oder etwas vernachlässigt sein, doch immer wird sich darin eine Ordnung finden, die jemanden willkommen heißt. Das ist der Grund, warum Rembrandts Gemälde mit dem geschlachteten Ochsen oder bestimmte Leinwände mit toten Tieren von Soutine keine Stillleben sind, sondern Dramen, während Goyas herzzerreißender toter Fasan trotz allem zu den Stillleben zählt.

Die Dramatik in einem Stillleben entsteht aus einer Gegenüberstellung, einer Anordnung, einer Begegnung in einem geschützten Raum. Jedes Stillleben handelt von der Sicherheit, so wie jede Landschaft von Risiko und Abenteuer. Stillleben berichten, wie manche Dinge zusammengefunden haben und trotz ihrer augenfälligen Flüchtigkeit immer noch zusammen sind. Es sind Bilder des Wohnens – in jeder Bedeutung des Wortes. So ist der Maler gezwungen, die Nachbarschaftlichkeit der Dinge vor ihm zu untersuchen, die Art, wie sie sich zueinander fügen und zusammenleben, wo sie sich überschneiden oder überlappen und wo sie getrennt bleiben – und so belauscht er ihre Konversation.

Sie sprechen über Farbe, Textur, Schatten, Leuchtkraft, Form – ihre Gegenüberstellung gibt die Themen ihres Gesprächs vor. So unterhält sich eine Auster mit einer Scheibe Brot, ein Apfel mit einem Stück Stoff, eine Nelke mit einer Uhr. Im behüteten Raum des Stilllebens wird die Sichtbarkeit der Dinge beredt.

Die Portraitmaler fordern die Sterblichkeit des Modells heraus, die Landschaftsmaler die unentwegte Bewegtheit der Natur, die Historienmaler das Vergessen der Geschichte und die Stilllebenmaler das Zerstreuen der Dinge. Ihre Gegenspieler sind der Zufall, der Trödelhändler und der Gerichtsvollzieher.

Ist es deutlich geworden, dass sich das Stillleben nicht innerhalb von Kirchen oder Palästen hätte entwickeln können? Zu seiner Entstehung brauchte es einen geschlossenen Raum, die Vertrautheit eines wenn auch prekären Haushalts. (Vorläufer des Genres finden sich etwa auf den Wandgemälden kleiner Häuser in Pompeji.)

Auf einem Stillleben lassen sich sämtliche Objekte mit der Hand greifen und halten. Sie besitzen den gleichen Maßstab wie die Hand, man kann sie alle berühren. Das ist vielleicht der Grund, warum sich der Maler mit ihnen auf eine unmittelbar gestische Art identifizieren kann. Sie werden zu Gliedern seines eigenen Körpers. Auf den Stillleben Frida Kahlos oder den Blumenbildern Georgia O'Keefes ist das deutlich zu erkennen. In einer zutiefst körperlichen Bedeutung des Wortes gehen eine Flasche, eine Frucht oder eine Blume mit der Malerin oder dem Maler eine intime Beziehung ein.

Marisa, du zeichnest oder beobachtest aus einer solchen Nähe, dass du denkst, die von dir auf das Papier gesetzten Spuren würden von einer traumwandlerischen Erinnerung gespeist. Es ist, als ob jedes Ding und seine Teile, jedes Blütenblatt, jede Falte, jeder Griff einen Geruch besäße, durch den du in deinem Körper eine vergangene Erfahrung wiedererkennst. Nur ist es weniger eine Frage des Geruchs als der Form, der Textur, des Gewichts, der Temperatur, der Dichte, der Farbe. Jede dieser Eigenschaften stößt etwas im Gedächtnis deines Körpers wach, gewinnt die Kraft einer Erinnerung.

Und noch etwas anderes geschieht. Erst beginnen deine Hand und deine Augen, dann deine schlafwandlerischen Erinnerungen, Sprünge in einem kleinen oder einem riesigen Maßstab zu machen. Auf den Stängeln einer von dir gezeichneten Blume nimmst du Pollen wahr, die wie über eine Galaxie verstreute Sterne wirken. Der Granatapfel auf der Tischkante gewinnt die Spannung einer goldenen Kirchenkuppel, die du einmal gesehen hast. Deine Imagination wird von einem Prozess aus Messen und Vergleichen gefangengenommen.

Man mag diese Zone eines schlafwandlerischen Gesprächs zwischen den gerade gemalten Dingen und dem Maler, die ich hier zu beschreiben versuche, das Stillleben-Feld nennen. Dieses Feld erstreckt sich bis zum Horizont und darüber hinaus.

In der japanischen Lyrik findet sich mit der Form des Haiku etwas Vergleichbares. Das Haiku beginnt mit »kleinen Dingen«, einem oder zwei ausgewählten Details, aber dann öffnet sich der Blick des Lesers auf den Horizont oder gar die Unendlichkeit.

Hör nur:

Die Löcher in der Wand,
sie spielen Flöte
auf diesem Abend im Herbst

Der Fasan schreit
als hätte er ihn eben erst
bemerkt – den Berg

Diese beiden stammen von Kobayashi Issa (1763-1828).

Nun Bashō, hundert Jahre zuvor:

Erster Schnee
halb-
gebaut die Brücke

Durch die Suggestion der Worte öffnet sich in einem Haiku der Blick auf den Horizont: Herbstwind, Berg, Schneefall. Aber was öffnet auf einem Stillleben, das ohne Worte auskommen muss, diesen Horizont? Was?

Es wird langsam dunkel, ich halte mich an dem Seil und beginne mit Zurbarán, der mehr oder weniger ein Zeitgenosse der ersten holländischen oder flämischen Stilllebenmaler war. Deshalb zähle ich Zurbaráns Gemälde vom Schweißtuch der hl. Veronika zu den ersten Stillleben. Zurbarán schuf mindestens sechs oder sieben Versionen des Sujets, die bemerkenswerteste befindet sich in Stockholm.

Ein heller, rosafarbener Baumwoll- oder Leinenschal

ist vor eine dunkle Wand gehängt und füllt die Leinwand. Die Falten und die Nadelstifte, die den Stoff halten, sind auf eine Art gemalt, die einem trompe-l'œuil nahekommt. Sie scheinen sehr greifbar und darin unterscheiden sie sich von dem zentralen Bildnis, dem Antlitz Christi, das als verblasster Ockerfleck in den Stoff gedrückt ist. Das steht natürlich im Einklang mit der Legende, dass Veronika ihren Schleier abnahm, um Christus auf seinem Gang nach Golgatha den Schweiß vom Gesicht zu wischen. Aber darin verbirgt sich auch ein Hinweis auf etwas, dass mit dem Geheimnis des Stilllebens zu tun hat.

Ein anderes Gemälde Zurbaráns zeigt vor einer dunklen Fläche auf einem Regal vier einfache Töpfe und zwei Keramikteller. Die Dinge sind perfekt ausgeleuchtet. Zunächst überzeugen sowohl ihr Vorhandensein wie ihre Materialität. Unmöglich, daran zu zweifeln, dass sie *hier* sind, und das in stärkerem Maße als andere gemalte Dinge – sie sind zum Greifen nah und wirken, vor dem Vorhang aus Dunkel hell erleuchtet, fest und solide.

Doch nach einer Weile fragt man sich, ob dieser Eindruck nicht eine Illusion ist. Denn was so klar beleuchtet wird, ist nur die »Erscheinung« eines jeden Objekts. Die sechs »Erscheinungen« auf dem Regalbrett sind frisch gewaschen, gebügelt, ausgeschüttelt, über Kleiderbügel gehängt und warten nun auf einen Träger. Noch hat sich keiner gemeldet. Da ist nichts in oder hinter den frisch gewaschenen Erscheinungen. Die leeren Töpfe sind doppelt leer.

Solch eine platonische Deutung (wonach die Erscheinungen nur bloße Schatten sind) widerspricht meinen eigenen philosophischen Ansichten. Andersherum. Durch die Farben und die Art, wie Zurbarán malt, als würde er Butter auf unsichtbare Formen streichen, wird etwas suggeriert: dass das Sujet seines Bildes schlussendlich das Dunkel ist, die Finsternis dahinter, in der alles unsichtbar wird.

Die Gefäße stehen auf dem Regal nicht für sich selbst, ihrer Stofflichkeit wegen, sondern um zu zeigen, dass das Dunkel kein Vorhang, sondern die Unendlichkeit ist, genauso wie auf dem Bild vom Schleier der Veronika der Stoff mit all seinen Falten und Webmustern da ist, um die Ewigkeit des immateriellen Antlitzes anzudeuten.

Statt »andeuten« benutze ich in einem pointierten Sinn auch gern das Wort »insinuieren« (»über eine Kurve hereinbringen«): nicht, um etwas bloß zu suggerieren, sondern um etwas zu verstärken. Es ist für mich ein Schlüsselwort, ich hoffe, es hilft uns weiter.

Zurbarán schuf seine Bilder auf dem Höhepunkt der Gegenreformation und meistens für Klöster. Chardin wurde ein Jahrhundert später geboren und arbeitete für das aufstrebende französische Bürgertum der Aufklärung. Er war mit Diderot befreundet, der seine Bilder begeistert kommentierte. Man kann sich kaum zwei Maler vorstellen, die je für ein unterschiedlicheres Publikum gearbeitet hätten. Und doch fanden sich beide als Stilllebenmaler unablässig mit der gleichen Frage konfrontiert: Warum ist etwas nur *da*?

Vor mir habe ich eine Postkarte von dem, was man für Chardins letztes Stillleben hält. Sechs Pfirsiche und zwei Walnüsse. Auf der Rückseite der Postkarte hat jemand vor Jahren eine Einkaufsliste notiert: Orangensaft, Essig, Toilettenpapier, Glühbirne, Speck, Wein, Ammoniak.

Diese Liste scheint manchmal wie das Bruchstück einer Hommage auf das großartige Bild auf der Rückseite.

Viele Bewunderer Chardins hoben immer wieder den »Zauber« seiner Berührung hervor. Diese wunderschönen Werke, so Proust, auf denen keine Berührung für sich einzeln bleibt, sondern jedes Teil das nächste ins rechte Licht rückt, wie es auch selbst ins rechte Licht gerückt wurde.

Chardins berühmte Berührung war äußerst intim. Es ist, als ob sein Pinsel wie eine Katze jede Oberfläche, die er ertastete, mit der Zunge malte – die Haut der dunklen Pfirsiche, die Kühle der Porzellanschale, den Stahl der Messerklinge, die Kruste der Brioche. Natürlich liegt in einer solch intimen Berührung keine Erklärung für das Alter, die Dauer und die Ferne, die seine Gemälde suggerieren. Sie handeln von körperlichen Empfindungen, sie zeigen Dinge, die vergänglich sind, und doch scheinen sie auch etwas darüber zu sagen, was das Vergängliche trotz seiner Flüchtigkeit überdauert und überlebt. Sie erinnern den Körper an Dinge, die sehr alt sind.

Chardin hielt seine Methoden und Kniffe verborgen – kennst Du einen Maler, der das nicht tut? Es scheint, dass er zunächst überall auf der Leinwand eine Art Paste auftrug, wodurch er langsam eine unebene, raue Oberfläche aufbaute, die er ab einem bestimmten Augenblick mit Bleiweiß und einem rötlichen Braun einfärbte. Im großen und ganzen war dieser Malgrund zugleich leuchtend wie erdig. Er trug ihn nicht mechanisch oder gleichmäßig auf; er arbeitete mit viel Geduld daran, bis die Fläche so wirkte, als könne sie den Grund für alle Stofflichkeit abgeben, bis er in ihr die ganze materielle Beharrlichkeit der gesamten Stofflichkeit der

Welt in der Unendlichkeit aller ihrer Möglichkeiten erkannte. »Körperliche Substanz«, sagte Spinoza, kann »doch nur als unendlich, nur als einig und nur als unteilbar begriffen werden.«

Aus dieser Substanz, dieser Paste, zog Chardin die Dinge seiner Stillleben hervor. Wann immer ein Teil von ihnen aus dem anonymen Umfeld aufschien, zeichnete er es kategorisch und deutlich nach, doch wenn es im Dunkeln blieb, ließ er es im Verborgenen. Er trennte seine Dinge nie von dem Ort ihres Erscheinens.

Er wartete, bis die Dinge anfingen, ihn anzuschauen, bis ihr Schauen durch den Akt des Malens zu ihm drang, intime, verstohlene Blicke, die zu gebrochenen, korrigierten, krümelnden Pinselstrichen oder manchmal auch zum Schmieren seines Fingers wurden. Die gewundenen Furchen einer Walnuss, die mattweißen Schalen von frischgelegten Eiern, die schwarze Röte eines Glases Rotwein, das Feuer in dem verbeulten Kupfer – das alles blickte ihn auf eine atemraubend einzigartige Art an. Und doch gehörte alles zu der unteilbaren Welt der Stofflichkeit und dem einen Mysterium der Existenz.

Und so stellte sich Chardin in seinen Stillleben wie Zurbarán der Unendlichkeit. Für den Spanier war es die Unendlichkeit des Dunkels, für den Franzosen die Unendlichkeit der Stofflichkeit der Welt.

Ich frage mich, was ich hier tue – dehne ich die Bedeutung der Worte, bis sie zerbrechen? Du zeichnest die Karte, sag du es mir. Ja. Aber warum? Die Gemälde gibt es. Lass die Menschen es doch selbst herausfinden. Du versuchst ein Stillleben aus Worten, sagst du lachend, das ist unmöglich!

Ungefähr 130 Jahre später, zwischen 1900 und 1906, schuf Cézanne seine späten Aquarelle. Als junger Mann hatte er aus seiner Bewunderung für den »gerissenen Kerl« Chardin kein Geheimnis gemacht. Ich glaube, dass Cézanne jedes Mal, wenn er auf den Tisch mit seinen Stillleben diagonal ein Messer platzierte, er es als Hommage an den gewitzten Meister verstand.

Im Lauf der Zeit wurden Stillleben zu Cézannes Lieblingssujet, denn es bedeutete, so sagte er, dass man sich »direkt mit den Dingen befasst«. Was genau geschah bei dieser Auseinandersetzung?

In seinen späten Aquarellen gibt es, so scheint es mir, ein Licht, das man in der Geschichte der europäischen Malerei so noch nicht erblickt hatte. Vielleicht hatte man es zuvor in China oder Japan gesehen. Um das sicher zu wissen, müsste man in diese Länder reisen. »Was treibt dich her?«, könnte jemand fragen, »irgendwelche Marktforschungen?« – »Nein, ich bin hier, um das Licht auf gewissen Zeichnungen bestimmter Meister von Euch zu untersuchen, und vor allem bei Eurem Shitao, wir wollen es mit etwas, an das wir uns erinnern, vergleichen.«

Was macht dieses neue Licht Cézannes aus? Es beginnt mit dem Weiß des Papiers an den Stellen, wo es unberührt geblieben war. Sobald Cézanne den ersten Strich auf das Papier setzte, wurde das Weiß gleichzeitig zu einer Oberfläche wie zu einer Leere.

Wenn er Farben auftrug – Blau, Grün, Ocker, Rot –, beziehen sie sich alle mit einem gewissen Respekt auf dieses Weiß. Die Farben beziehen sich nicht wie auf den Bildern zuvor direkt aufeinander, sondern auf den Umweg über das Weiß. Und das Weiß arrangiert sie gemäß ihrer Wellenlänge irgendwo zwischen der Oberfläche und der Leere. Es ist die Gesamtheit dieses ganzen Austausches, der das neue Licht ausmacht.

Doch was genau gelingt dem neuen Licht Cézannes? Das hast du noch nicht beantwortet.

Es ist weder die Bühnenbeleuchtung des *chiaroscuro*, das bestimmt, was in einer Geschichte wichtig ist und was nicht, noch ist es das Sonnenlicht der Impressionisten, das jede Oberfläche, auf die es trifft, zu einer Atmosphäre auflöst. Nein, dieses neue Licht tritt zwischen die Dinge, um zu offenbaren, dass jeder Punkt eine Tangente besitzt, dass alles eine Berührung ist, dass die Entfernungen und Räume, die die Dinge trennen, nichts weiter sind als Spalten und Falten. Es ist ein Licht, das durch seine Reise eine Kontinuität schafft, es ist ein Licht, das keine Trennung zulässt.

Ich betrachte meine offene Hand. Nun schließe ich nach und nach langsam die Finger und sehe zu, wie sich zwischen den Gelenken Falten bilden. Auf diesen Bildern sind die Kanten der Äpfel auf dem Tisch, die Umrisse der Casserole oder des Krugs wie diese Falten, denn sie bezeichnen gleichzeitig eine sichtbare Trennung wie eine wirkliche Verbindung. Strecke ich meine Finger ein wenig, werden die Falten genauso verschwinden wie auf dem Tisch die Konturen der Dinge – genauso wie wenn ich mir, statt die Dinge starrend zu fixieren, entweder in Gedanken oder mit dem Tastsinn einen Weg zwischen ihnen erspüre.

Wenn Cézanne davon sprach, dem »Motiv« oder der »Natur« treu zu sein, hatte er, so denke ich mir, die Treue einer ununterbrochenen Umarmung zwischen seiner Wahrnehmung und der vollständigen, andauernden, unendlichen Ausdehnung von allem, das vor im lag, im Sinn.

Und einmal mehr entsteht eine metaphysische Anmutung durch eine malerische Praxis, nicht durch eine Theorie oder Theologie.

Je näher man dem Ding, das man zeichnet, kommen will, desto unmöglicher wird es, die Kanten und Konturen der sich von uns abwendenden und abrückenden Dinge festzuhalten. Cézannes vielfache bläuliche »Umrisse« handeln von diesem Abrücken und insinuieren, dass der ganze Zwischenraum zwischen den Dingen, wo immer man auf ihn stößt, nichts anderes ist als eine Reihe von Falten.

Von den späten Aquarellen ist mir die »Studie mit Laub« (heute im Museum of Modern Art) die liebste. Vielleicht sind es Geranienblätter. Sie sind wie geöffnete Fächer geformt, und so wie sie übereinander liegen, scheinen sie einander nachzuahmen. Typisch Geranie. Das Gemälde unterläuft jeden Maßstab; man kann darin einen weit entfernten Wald sehen oder eine einzelne Hortensie, die noch winzig grün ist. Es ist ein Bild des *Einräumens*. Das soll heißen, dass die verborgene, unergründliche Ordnung, nach der Neues wächst – Triebe, Knospen, Blätter –, einen Raum einnehmen und sich darin einrichten kann. Wenn du, Marisa, jedes gemalte Blatt für sich nimmst – wie die Blätter einer Artischocke – und es einzeln über deine Zähne reibst, wirst du das Geheimnis des Wachstums selbst schmecken.

Auf seinen Stillleben zeigte Cézanne die unendliche Kontinuität des Stofflichen.

Die Versuche, Parallelen zwischen den Künsten und den Wissenschaften zu finden, führen oft zu groben Vereinfachungen. Welche Wissenschaft würden wir heute als der Malerei am nächsten ansiedeln? Ich vermute, du würdest Geologie antworten. Vielleicht führt es weiter, sich vorzustellen, dass beide, die Kunst und die Wissenschaft, eine bestimmte Nähe zu einem dritten, parallel mit ihnen verlaufenden Projekt besitzen; ich bin überzeugt, dass es dieses Projekt gibt, aber ich weiß nicht, wie man es nennt. Dieses unbekannte Projekt bestimmt, wie Menschen träumen und wie sich ihre Träume im Lauf der Geschichte wandeln, denn wir träumen heute anders als im 18. Jahrhundert und wieder anders als um 1950.

Wenn sich ein neues Wissenschaftsparadigma ausbildet, entsteht, wie Thomas Kuhn feststellte, ein neues Vokabular, und Dinge, die vorher ohne Bezeichnung waren, werden benannt. Überträgt man dieses neue Vokabular von der Wissenschaft auf die Kunst, verliert es unvermeidlich an Präzision, aber die neuen Worte können durch ihre Suggestion hilfreich sein, sie helfen, etwas zu »insinuieren«.

Die Geometrie ist der Zweig der Mathematik, der etwas sichtbar macht und die Dimensionen des Raums auf Papier fixiert. Die euklidische Geometrie beschäftigt sich mit regelmäßigen Formen: Dreieck, Quader, Kreis. Die fraktale Geometrie handelt hingegen von unregelmäßigen Formen. Fraktale messen einen gewissen Grad an Gebrochenheit, an Rauheit, an scheinbarer Diskontinuität. Benoît Mandelbrot, der diese Geometrie begründete, schrieb, dass er das Wort 1975 von dem lateinischen »fractus« geprägt habe, was einen »zerbrochenen«, unregelmäßigen Stein beschreiben kann. Im Gegensatz zu den euklidischen Formen sind Fraktale vollkommen unregelmäßig und überall und in jedem Maßstab amorph. Von Nahem oder von Weitem betrachtet, zeigen sie den gleichen Grad an Unregelmäßigkeit. Jedes Teil, und sei es noch so klein, zeigt die gleiche Struktur wie das ganze. Das beste botanische Beispiel ist der Blumenkohl, das beste anatomische die Lunge.

»Warum«, fragte Mandelbrot, »wird die Geometrie (er dachte an die euklidische) oft als ›nüchtern‹ oder ›trocken‹ bezeichnet? Nun, einer der Gründe besteht in ihrer Unfähigkeit, solche Formen zu beschreiben, wie etwa eine Wolke, einen Berg, eine Küstenlinie oder einen Baum. Wolken sind keine Kugeln, Berge keine Kegel, Küstenlinien keine Kreise. Die Rinde ist nicht glatt – und auch der Blitz bahnt sich seinen Weg nicht gerade.«

Dann, zur fraktalen Geometrie übergehend, sagte er: »Die Naturwissenschaftler werden (sicherlich) überrascht und erfreut sein, dass sie zukünftig solche Formen qualitativ streng untersuchen können, die sie bisher faltig, gewunden, körnig, picklig, pockennarbig, polypenförmig, schlängelnd, seltsam, tangartig, verzweigt, wirr, wuschelig genannt haben.«

Ein Fraktal ist ein Versuch, die Wahrnehmung der Unendlichkeit mathematisch zu fassen. Anstatt sich eine Gerade vorzustellen, die bis an die Grenzen eines unendlichen Universums reicht, beginnt man mit einer nach dem schwedischen Mathematiker Helge von Koch benannten Koch-Kurve. Tatsächlich ist jedoch eine solche »Kurve« keine Kurve im strengen Sinn, sondern eine Serie von miteinander verbundenen Geraden, die unentwegt ihre Richtung wechseln. Ein Beispiel: Beginne mit einem gleichseitigen Dreieck, markiere auf jeder Seitenlänge ein Drittel und zeichne über die Punkte mit der Spitze nach unten ein neues Dreieck. Daraus resultiert ein Davidstern. Mach immer so weiter, lass die Dreiecke sogar kleiner werden, so erhältst du eine Schneeflocke. Mach unentwegt weiter und weiter, bis in alle Unendlichkeit. Die gesamte, von dieser Konstruktion eingenommene Fläche wird endlich sein, doch würdest du einen Kreis um das erste Dreieck zeichnen, würde sich die unendliche Koch-Kurve niemals darüber hinaus erstrecken!

Kürzlich haben einige Physiker im australischen Sydney eine Reihe der *drip paintings* von Jackson Pollock analysiert und dabei herausgefunden, dass sie fraktale Muster bilden. Über die Jahre, in denen er weiter an ihnen arbeitete und seine Technik vervollkommnete, wurde ihre fraktale Dimension immer komplexer. Das beweist, so die Forscher, dass die *drip paintings*, fern davon, willkürlich zu sein, dem »Fingerabdruck der Natur« folgen.

Ich wäre sehr dafür, chinesische Landschaftsmalereien aus dem 10. oder 11. Jahrhundert auf die gleiche Weise zu untersuchen, oder das viel später entstandene Bild von den »Zehntausend hässlichen Tintenklecksen« von Shitao (1642-1707), denn ich glaube, man würde auch hier eine fraktale Dimension entdecken.

Ohne die Möglichkeit zu haben, sie zu benennen, fand jeder der Maler auf meiner Liste innerhalb der Unregelmäßigkeit der Dinge, die er betrachtete, diese Dimension eines Musters wieder. Und dieses Muster insinuierte das Unendliche im Endlichen. Sag mir doch, wie können wir es nennen?

Giorgio Morandi war vielleicht der nüchternste Stilllebenmaler aller Zeiten. Während seines langen Lebens malte er immer wieder ungefähr das gleiche Dutzend Dinge – die Flaschen, deren Glas er rot oder weiß angemalt hatte, bevor er sie auf die Leinwand brachte, seine Kaffeekanne, die beiden Krüge, seine Karaffe, die Trockenblumen, die Muscheln.

Seine Kunst lässt sich in drei Perioden aufteilen. Von 1920 bis 1940 malte er, um sich den dargestellten Dingen zu nähern. Er rückte ihnen näher und näher. Die am Ende erreichte Nähe hat nichts mit Detailliertheit oder fotografischer Präzision zu tun. Es ist eine Frage der Gegenwart des Objekts, fast, als wäre seine Körpertemperatur zu spüren.

Fast zur gleichen Zeit, als Morandi die Gegenwart der kleinen Sammlung von Objekten untersuchte, schrieb der französische Dichter Francis Ponge ein Buch, das er *Les partis pris des choses* (*Im Namen der Dinge*) nannte. Hier ein Zitat daraus:

> Eine Muschel ist ein kleines Ding, ich kann es aber ins Riesenhafte vergrößern, wenn ich es an seinen Fundort, die Weite des Sandes, zurückversetze. Denn nun werde ich eine Handvoll Sand aufnehmen und beobachten, wie wenig davon in meiner Hand zurückbleibt, wenn mir das Ganze durch die Fingerritzen gelaufen ist; ich werde ein paar Sandkörner ins Auge fassen, dann jedes einzelne, und in diesem Augenblick wird mir keins von ihnen klein vorkommen; bald wird mir die deutlich gewordene Muschel, diese Austernschale oder das tiaraförmige Haus des Einsiedlerkrebses oder dieses »couteau«, denselben

Eindruck machen wie ein riesiges, ebenso kolossales wie kostbares Monument, etwa wie der Tempel von Angkor Wat, wie Saint-Maclou oder die Pyramiden, durch eine viel merkwürdigere Bedeutung jedoch als dies gar zu unumstößliche Menschenwerk.

In Morandis zweiter Periode, zwischen 1940 und 1950, hat man das Gefühl, dass der Maler sich nicht rührte, sich aber die Gegenstände der Leinwand näherten. Er wartete, und sie trafen ein.

Während der letzten Periode, von 1951 bis zu seinem Tod 1964, schienen die Dinge dabei zu sein, zu verschwinden. Nicht dass sie blass oder weit entfernt wären. Eher sind sie ohne Gewicht, im Fluss, auf der Grenze zum Sein.

Wenn wir darin ein Fortschreiten sehen – dass sein Können mit zunehmendem Alter wuchs –, müssen wir uns fragen, was er erreichen wollte. Die Antwort, die man meistens hört – Morandi sei der Poet des Ephemeren –, überzeugt mich nicht. Die Energie seines Werkes ist weder nostalgisch noch – in einem persönlichen Sinn – intim. In seinem Leben mag er sich selbst eingeschlossen haben. Seine verabscheuenswürdige politische Haltung zeugt von Panik. Und doch ist seine Kunst seltsam affirmativ. Gegenüber was?

Die Zeichnungen und Radierungen flüstern eine Antwort. Da sie ohne Dichte und ohne Farbe sind, lenken uns die Dinge nicht ab. Und wir bemerken, dass den Künstler vor allem der Prozess interessierte, in dem das Sichtbare erst allmählich erscheint, noch bevor das gesehene Ding einen Namen oder einen Wert erhält.

Man muss sich die Welt als ein Blatt Papier vorstellen,

die Hand eines Schöpfers zeichnet darauf und probiert Dinge aus, die noch nicht existieren. Spuren sind nicht nur etwas, das vom Verschwundenen übrig bleibt, sondern sie können ebenso einen Entwurf markieren, etwas, das erst eintreten wird. Das Sichtbare beginnt mit dem Licht. Und sobald Licht da ist, gibt es Schatten. Jede Zeichnung ist von Schatten umschlossenes Licht.

Die Striche flechten sich ineinander, sie zittern und wechseln einander ab. Und langsam erkennt und liest das Auge den Raum, den die Kaffeekanne und der Krug einnehmen werden. Mit anderen Worten: Die Dinge, die er malt, sind auf keinem Flohmarkt zu kaufen. Es sind nicht einmal Gegenstände. Es sind Orte, Orte, an denen ein kleines Ding erscheint und *wird*.

Was sie davon abhält, zu Schemen zu werden, und was ihre Materialität verbirgt, ist, dass sie porös sind, unendlich porös. Eine poröse Oberfläche ist – um zwei von Mandelbrots Worten zu zitieren – pockennarbig und körnig. Je näher man der Oberfläche kommt, desto mehr vergrößert sich ihre Pockennarbigkeit, aber sie bleibt in ihrer Unregelmäßigkeit konstant und gehört einer fraktalen Dimension an, die sich mathematisch ins Unendliche fortsetzen lässt. Die Porosität bei Morandi entsteht durch die Art und Weise, wie das Pigment auf die Leinwand oder das Papier aufgebracht wurde; alles andere auf den Bildern – die Konturen der Dinge, ihre Anordnung, ihr »Gespräch« untereinander –, alles muss sich dieser struppigen, abgegrasten porösen Qualität der vom Pinsel zurückgelassenen Farbe unterwerfen, und diese Porosität insinuiert eine unabschließbare Unendlichkeit aus Werden.

Ah, jetzt kommst du in die Klemme, höre ich dich lachend ausrufen.

Wenn Morandi, der alte Einsiedler, morgens im Bett lag und seine Augen öffnete, war das Tageslicht schon da und rückte im Zimmer und draußen auf der Straße Schatten und Helle an seinen Ort. Noch bevor er die Augen öffnete, um ein einzelnes Ding zu betrachten, trug ihn die Flut des Sichtbaren auf die Gegenwart zu! Später im Atelier versuchte er, in seinem Malen diese Flut wiederzufinden und festzuhalten. Nicht die Erscheinungen faszinierten ihn, sondern der *Entwurf* des Erscheinens.

1945 veröffentlichte Jorge Luis Borges eine Geschichte mit dem Titel »Der Aleph«. Außer den ersten Buchstaben im hebräischen Alphabet bezeichnet der Aleph den Punkt, der alle Punkte fasst, den Ort, der alle Orte ist, das eine, in dem alles, was irgendwo existiert, gesehen werden kann. In der Geschichte hat Borges einen Bekannten, einen verrückten Dichter, der ihm erzählt, dass er als Kind im Keller des Hauses, in dem er wohnte, einen Aleph entdeckt hat. Und er überredet Borges, das Haus aufzusuchen, in den Keller zu steigen, die Tür zu schließen, damit es völlig dunkel ist (so finster wie auf einem Zurbarán), sich auf den Boden zu legen und von unten her die Treppe zu betrachten. Der Aleph befände sich unter der neunzehnten Stufe, etwas rechts, wenn ich mich recht erinnere.

Borges schließt die Augen, öffnet sie und erblickt den lichterfüllten Aleph von der Größe einer Münze. (Vielleicht ist es das gleiche Licht wie bei Cézanne.) In der Münze schaut er die ungeteilten Weiten des Kosmos. »Ich sah das belebte Meer, ich sah Morgen-

und Abendröte, ich sah die Menschenmassen Amerikas, ich sah ein silbriges Spinnennetz im Zentrum einer schwarzen Pyramide, sah ein aufgebrochenes Labyrinth (das war London) … sah in einem Durchgang der Calle Soller die gleichen Fliesen, die ich vor dreißig Jahren im Flur eines Hauses in Fray Bentos gesehen hatte, ich sah Weintrauben, Schnee, Tabak, Metalladern, Wasserdampf, ich sah aufgewölbte Wüsten am Äquator und jedes einzelne Sandkorn darin, sah in Inverness eine unvergessliche Frau …«

Morandis Schau hing von einer gewissen Ruhe ab, die umschlossen war von dem Schrillen der Zikaden und der Stille der Siesta. Dreißig Jahre nach seinem Tod aber hat sich das Leben in all seinen Facetten vollkommen verändert, und die Welt hat sich mit einer neuen Art Geräusch gefüllt. Heute sind die Nachrichtenkanäle, der Konsum und die neue ökonomische Weltordnung, die nur nach Profit strebt, fast vollkommen akzeptiert, als seien sie geradezu naturgegeben. Im Angesicht dieser neuen »Globalisierung« trugen viele Künstler – Warhol, Lichtenstein, Richard Hamilton, Oldenburg, Jeff Koons – zu einer ideologischen Niederlage bei und bestärkten den beinahe kriminellen Drang, alles dauernd zum Kauf anzubieten und alles in eine Ware zu verwandeln.

Es gibt aber noch Künstler, die Widerstand leisten, wie Miquel Barceló. 1994 malte er eine Serie von äußerst großen Stillleben, die er *In Extremis* nannte. Zur gleichen Zeit schrieb er:

> Es ist wieder wichtig, einen gehäuteten Ochsen zu malen. Wie früher, aber anders. Nicht so, wie die

Römer Speisen malten, nicht wie Rembrandt, Soutine oder Bacon, nicht wie Beuys – plötzlich ist die Chance, dies zu malen, dringend, notwendig, wesentlich geworden: Blut und Opfer ... aber es würde auch mit einem Apfel oder einem Gesicht funktionieren ... Man muss die Dinge eines nach dem andern von der Klebrigkeit Berlusconis befreien und sie neu, frisch und rein machen, ihr Zittern oder ihre süße Fäulnis zeigen.

Die Stillleben zeigen Kohlköpfe, Limonen, Melonen, Tomaten, Orangen, Sellerie, sie sind nicht auf einem Tisch angeordnet, sondern wie durch eine Explosion über dem Boden zerstreut. Einer Explosion, die die Dinge eher herausgefordert als erlitten haben. Das Obst und das Gemüse sind hier keine Opfer, sie revoltieren gegen die endlose mediale Bilderflut, die bloß Lügen über sie und das Leben verbreitet. Sie fordern ihre Freiheit von all der visuellen, digitalen und grammatikalischen Manipulation zurück. Barceló spricht von ihrer Mitarbeit: »Was ich male, muss ich neben mir haben, *auf* dem Gemälde, es riechen, es anfassen. Und es schließlich aufessen. Wenn ich eine Melone male, benutze ich die Schale als Spachtel und mische so ihren Saft in die Farbe.«

Doch in der Kunst genügt ein solch gemeinsamer Protest nicht. Es muss noch ein Geheimnis geben, aber diese Geheimnisse haben wenig mit Argumenten gemein.

Barceló malt auf der Erde – mit einem Stock im Staub. In seinen Stillleben gibt es keine Fülle und wenig Sicherheit – vielleicht gerade genug für die nächsten vierundzwanzig Stunden. Und genau darin unterscheiden sich seine Bilder von denen der Vorläufer, und gerade dadurch gehören sie ans Ende unseres Jahrhunderts. Ihr geschützter Raum ist zerbrechlich.

Barcelós Obst, Tierleiber oder Fische bieten keine Illusion von Dauer. Mit jedem Ding, das er aufgreift, malt er einen Augenblick, eine Phase, oder den sich unendlich wiederholenden Kreislauf aus Säen, Blühen, Verwelken und Absterben. Seine Gemälde zeigen das deutlich. Sie feiern die Dinge nicht durch ihr Aussehen. Sie feiern die Wiederkehr, aber die kann es ohne Sterblichkeit nicht geben. Durch die Anspielung auf den Tod und auf die Würde, die er fordert, widersetzen sich Barcelós Stillleben dem dummen Versprechen des Konsums.

Gegenüber dem Platz, an dem ich schreibe, steht ein Stall, in dem letztes Jahr zwei Schweine lebten. Nachts konnte man sie drinnen Schnarchen hören. Rings um den Verschlag, in dem sie geboren wurden, war Schlamm, in dem sie sich suhlten und herumlagen. Sie mochten es, wenn man sie dabei streichelte. Letzten Februar wurden zwei von ihnen wegen ihres Fleisches geschlachtet. Wo einst Schlamm war, wächst nun Gras, zwischen dem gerade eine Tomatenpflanze blüht. Manchmal wurden die Schweine mit überreifen Tomaten, ihrer Leibspeise, gefüttert. Die Pflanze trieb wohl aus einem Kern, den sie herausgeschissen haben. Bald wird es Tomaten geben. Erst grün, dann rot.

Auf ihre Art sind Barcelós Bilder Gemälde vom Paradies. Ein Paradies, das nichts mit Vollkommenheit zu tun hat, denn Vollkommenheit ist nicht liebenswürdig; es gibt im Paradies keine Liebe, nicht wahr? Sein Paradies hat er auf die Kehrseite des Leidens gemalt, und er folgte genau dessen Kontur. Die Unendlichkeit, die er anspricht, ist die des Begehrens.

Du hast recht, Marisa, ich versuche ein Stillleben zu zeichnen. Meine Lieblingsblüte ist der Flieder, egal ob weiß, ob lila. Seine Zweige wachsen immer zu zweit. Und so auch hier ein Paar, vor dem grünen Vorhang aus Laub. Ich stelle es in die leere Vase neben dem Glas mit den Pinseln. Ihre winzigen weißen Blütenblätter ähneln den weißen Buchstaben all der Worte, die ich hier niedergeschrieben habe.

2000

Die Klarheit der Renaissance

»Wie bedrückend.« – »Es hat zu regnen begonnen.« – »Es ist nass, aber kein Grund zu klagen.« – »Alles grau und stumpf.« – Jede dieser Aussagen beschreibt aus je unterschiedlicher Sicht den gleichen Tag: subjektiv, pragmatisch, moralisch, visuell. Jeder wahre Maler wird den Regentag um ein Vielfaches differenzierter sehen und empfinden, als ihn die letzte Aussage – »grau und stumpf« – darstellt oder als jeder denkbare Kommentar ihn illustrieren kann. Und doch ist das, was ein Maler im Normalfall sieht und empfindet, das gleiche, was jeder andere Mensch auch erlebt. Das alles ist, es wird mir nun klar, eine Platitude. Aber nur allzu oft geht das vergessen. Vom 16. Jahrhundert an hat man dies nicht mehr als Selbstverständlichkeit erachtet.

Neulich verbrachte ich einen ganzen Tag in der National Gallery in London, um vor allem Gemälde der flämischen und italienischen Renaissance zu betrachten. Was unterscheidet sie nur so grundsätzlich von fast allen andern auf sie folgenden, vor allem von unseren eigenen? Die Frage scheint naiv. Spezialisten für Sozialhistorie und Stilgeschichte, Ökonomen, Chemiker und Psychologen haben fast ihr ganzes Leben darauf verwandt, diese und andere Unterschiede zwischen den verschiedenen Künstlern, Stilen und Kulturen zu definieren und zu erklären. Solche Forschungen sind unbezahlbar. Doch ihre Komplexität verbirgt oft zwei einfache, deutlich ins Auge fallende Tatsachen. Erstens, dass wir von unserer eigenen Kultur – und von keiner fremden – die kühnste Lektion lernen können: die des auf das Individuum abzielenden Humanismus, der sich im Italien des 13. Jahrhunderts ausbildete. Und zweitens, dass in den darauf folgenden zweieinhalb Jahrhunderten zumindest die Malerei durch diesen Humanismus einen fundamentalen Bruch erfahren sollte.

Später, im 16. Jahrhundert, werden die Künstler psychologisch tiefgründiger (Rembrandt), in ihrem Ehrgeiz erfolgreicher (Rubens), sie können mehr evozieren (Claude); aber sie verlieren eine Leichtigkeit und visuelle Direktheit, die jede Prätention ausgeschlossen hat; sie verlieren, was Bernard Berenson die »tastbaren Werte« nannte. Getrieben von ihrem einsamen Drang strecken und weiten die großen Künstler den Bereich der Malerei immer weiter aus und reißen ihre Grenzen nieder. Watteau greift nach der Musik, Goya nach der Bühne, Picasso nach der Pantomime. Einige Ausnahmen wie Chardin, Corot oder Cézanne akzeptieren die strengen Begrenzungen der Malerei. Aber um 1550 reagierte noch jeder Künstler so. Eine der eindrücklichsten Folgen dieser fortgesetzten Grenzverletzung war, dass seit dem 16. Jahrhundert nur noch Genies bei ihren großen Beutezügen triumphierten. Zuvor hatte auch ein eher mäßiges Talent Gefallen erregt.

Ich möchte hier keine Lanze für eine Wiederkehr der Präraffaeliten brechen, noch möchte ich mir über die Kunst der letzten dreieinhalb Jahrhunderte ein Urteil anmaßen. Aber heute werfen sich so viele Künstler – entweder aus technischen Erwägungen oder aus subjektiven Erfahrungen – vergebens gegen die Grenzen der Malerei in der Hoffnung, einen einzigartigen und höchst individuellen Durchbruch zu erzielen, dass das angestammte Gebiet der Malerei kaum noch zu erkennen ist. Und vielleicht ist es daher nützlich, die Grenzen nachzuzeichnen, in denen sich einst manche der größten Künstler unserer Kultur einrichten konnten.

Schreitet man durch die Renaissance-Säle der National Gallery, ist es so, als ob man plötzlich meint, in den anderen Gängen an einer trüben Kurzsichtigkeit gelitten zu haben. Und dass nicht, weil hier die Gemälde sorgfältiger gereinigt wären oder weil das *chiaroscuro* eine Erfindung späterer Zeiten ist. Es liegt daran, dass jeder Künstler der flämischen oder italienischen Renaissance glaubte, dass nicht die Art, wie er es malt, sondern das Sujet selbst seine Absichten, Gefühle und Ideen ausdrücken sollte. Dieser Unterschied scheint kein großer zu sein, ist aber ein entscheidender. Sogar noch ein beinahe gekünstelter Maler wie Tura kann uns davon überzeugen, dass jede von ihm als Madonna gemalte Frau ganz zweifellos bewegliche Finger mit Gelenken besaß. Ein Portrait von Goya hingegen überzeugt uns zuerst durch die Einsichten des Malers, bevor es uns die Anatomie seines Modells darlegt: Weil uns Goyas Interpretation einleuchtet, überzeugt uns sein Sujet. Auf einem Renaissance-Gemälde geschieht jedoch das Gegenteil. Seit Michelangelo sind wir das Gefolge eines Künstlers; zuvor führte uns ein Künstler vor das von ihm geschaffene Bild. Es ist dieser Unterschied – das Bild als Ausgangs- oder als Zielpunkt –, der die Klarheit, das visuell deutlich Umrissene, die »tastbaren Werte« der Renaissance-Kunst erklärt. Der Renaissance-Künstler beschränkte sein Anliegen einzig auf das, was der Betrachter sehen, im Gegensatz zu dem, was er ahnen sollte. Ein Vergleich von Tizians vorgezeigter *Venus von Urbino* von 1538 mit dem dreißig Jahre später entstandenen Gemälde von der flüchtigen *Nymphe mit Schäfer* kann diese Differenz demonstrieren.

Daraus resultieren wichtige Hinweise. Zum einen verbat dieser Unterschied jeden Versuch zu einem expliziten Naturalismus, dessen einzige Aussage darin besteht, wie das Leben selbst zu sein – was einem Gemälde ganz offensichtlich nicht gelingen kann, denn es ist ein statisches Abbild. Des Weiteren verhinderte diese Differenz jede subjektive Suggestion, sie zwang den Künstler – im Rahmen seines Wissens und Könnens – mit allen visuellen Aspekten seines Sujets gleichzeitig zu arbeiten: mit der Farbe, dem Licht, der Linie, der Masse, der Bewegung, der Struktur; er durfte sich nicht, wie seither, nur auf einen Aspekt konzentrieren und die anderen vernachlässigen. Im Gegensatz zu seinen Nachfolgern erlaubte das dem Renaissance-Künstler in weit höherem Maße Realismus und Dekoration, Beobachtung und Formalisierung miteinander zu verbinden. Die Vorstellung, dass die verschiedenen Renaissance-Maler untereinander unvergleichbar seien, stützt sich auf die heutige Annahme, dass ihre Positionen untereinander nicht zu vereinbaren gewesen seien. Aber auf der Ebene des Sichtbaren lässt sich die gestickte Oberfläche einer Draperie – vielleicht die bisher herrlichste Erfindung einer beweglichen Architektur – mit einer realistisch-anatomischen Untersuchung verbinden; und zwar auf eine so natürliche Art wie sich bei Shakespeare das Höfische und das Physische miteinander vermählen.

Vor allem aber brachte diese Haltung die Renaissance-Künstler dazu, sich bis zur Neige mit der schönsten aller visuellen Formen auf Erden zu beschäftigen: mit dem menschlichen Körper. Später wurde die Nacktheit zu einer Idee – und entweder in Arkadien oder in der Bohème angesiedelt. Aber während der Renaissance war jedes Augenlid, jede Brust, jedes Handgelenk, jeder Fuß eines Babys, jedes Nasenloch eine Feier einer einzigen Tatsache: der wunderschönen Gestalt des Menschen, der dank den Sinnen seines Körpers die sichtbare, berührbare, erfahrbare Welt wahrnehmen kann.

Dieser Mangel an Doppeldeutigkeit *ist* die Renaissance. Ihre hervorstechende Vermählung von Sinnlichkeit und Nobilität entwuchs einer Zuversicht, die man nicht künstlich wiederherstellen kann. Doch wenn es uns gelingt, wieder eine zuversichtliche Gesellschaft zu schaffen, kann unsere Kunst vielleicht wieder mehr mit der Renaissance als mit der moralisch-politischen Ästhetik des 19. Jahrhunderts gemeinsam haben. Bis dahin ist es für uns eine heilsame Erinnerung, dass, wie Bernard Berenson oft so klug sagte, die Lebendigkeit der europäischen Kunst in »tastbaren Werten und Bewegung« begründet liegt, die aus der Beobachtung der »stofflichen Bedeutsamkeit der sichtbaren Dinge« herrührt.

1955

Piero della Francesca

Glück und Kalkül

Nach der Lektüre von Brechts *Galileo* dachte ich über die schwierige gesellschaftliche Situation der Wissenschaftler nach. Dabei fiel mir auf, wie sehr sich ihre Zwickmühle von der der Künstler unterscheidet. Ein Wissenschaftler kann die Tatsachen, die seine neue Hypothese unterstützen und ihn der Wahrheit näher bringen, offenlegen oder verbergen. Wenn er für seine Position streiten muss, stärken ihm seine Beweise den Rücken. Doch für einen Künstler ist die Wahrheit selbst in Bewegung. Er arbeitet nur mit einer bestimmten Version, mit einer bestimmten von ihm gewählten Perspektive. Der Künstler hat nichts, was ihm den Rücken stärken könnte – außer seinen eigenen Entscheidungen.

Es ist dieses willkürliche, persönlich gewählte Moment, das es so schwer macht, sicher zu sein, ob wir den Überlegungen eines Künstlers folgen und die Entwicklung seiner Absichten völlig nachvollziehen können. Bei den meisten Künstlern geht es uns wie vor einem Baum, wir erfassen mit dem Blick nur einen Teil des Ganzen: Die Wurzeln bleiben unsichtbar. Heute wird diese mysteriöse Dimension ausgebeutet und missbraucht. Manche zeitgenössische Kunst bleibt gar vollständig unter der Erde verborgen. Vielleicht bietet uns da ein Blick auf einen Maler, der in der Geschichte der Kunst vielleicht weniger versteckte als jeder andere, einen ermutigenden Ansatz: Piero della Francesca.

Bernard Berenson lobte die »Unbewegtheit« seiner Gemälde:

Auf lange Sicht sind jene Werke am befriedigendsten, die – wie die von Piero della Francesca oder Cézanne – unbewegt, stumm bleiben, ohne dringliche Mitteilung und ohne Gedanken, uns mit einem Anblick oder einer Geste zu erregen.

Der Eindruck von Unbewegtheit mag zutreffen, wenn es um Pieros Protagonisten geht. Doch so stumm seine Bilder in Hinblick auf ihre Dramatik bleiben, desto beredter zeigen sie seine Gedankengänge und ihre Regungen vor – und beides scheint reziprok gegenläufig zu sein. Mit seinen Gedanken meine ich keine psychologischen Enthüllungen. Vielmehr zeigen sie den Prozess seines bewussten Denkens vor. Es sind offene Lektionen über eine Logik, mit deren Hilfe man eine Ordnung findet. Und vielleicht wiederum in reziproker Beziehung. So wie eine Maschine darauf abzielt, ihre Leistung möglichst sparsam zu erbringen, zielt das systematische Denken darauf ab, möglichst ökonomisch zu sein. Wie dem auch sei, vor einem Gemälde Pieros kann man sicher sein, dass jeder Zufall oder jede Korrespondenz, auf die man stößt, beabsichtigt ist. Alles ist kalkuliert. Die Interpretation seiner Bilder hat sich verschoben und wird sich immer wieder ändern. Aber die Elemente ihrer Komposition sind auf ewig fixiert – und das mit einem nachvollziehbaren Kalkül.

Studiert man Pieros Hauptwerke, führt einen ihre innere Evidenz unweigerlich zu genau dieser Folgerung. Aber es gibt auch externe Hinweise auf die Berechnung seines Vorgehens. Wir wissen, dass Piero außergewöhnlich langsam arbeitete. Er war sowohl Mathematiker wie Maler, und wir wissen, dass er am Ende seines Lebens, als er fast erblindet war und nicht mehr an der Staffelei stehen konnte, zwei mathematische Abhandlungen veröffentlichte. Wir können überdies seine Werke mit denen seiner Assistenten vergleichen – deren Arbeiten wollen ebenso wenig etwas demonstrieren, aber anstatt dadurch an Bedeutung zu gewinnen, wirken sie leblos. Die Lebendigkeit von Pieros Kunst entsteht aus der einzigartigen Kraft seiner Kalkulation.

Das mag zuerst kühl und verkopft klingen. Doch betrachten wir die *Auferstehung* in Pieros Heimatstadt San Sepolcro. Wenn sich die Tür zu dem kleinen, ziemlich heruntergekommenen Ratssaal öffnet und man das Fresko zum ersten Mal zwischen zwei künstlichen gemalten Säulen erblickt, die scheinbar vor der Darstellung stehen, ist der erste Impuls, zu erstarren. Diese Regung hat nichts mit einer demonstrativen Verehrung der Kunst oder des Heilands zu tun. Es hängt vielmehr damit zusammen, dass man bemerkt, dass im Blick durch die Säulen Zeit und Raum zu einem vollkommenen Gleichgewicht gefunden haben. Man erstarrt aus dem gleichen Grund wie beim Anblick von Hochseilartisten – das Gleichgewicht scheint auf dem Spiel zu stehen. Aber wieso? Warum? Würde das Diagramm einer Kristallstruktur einen auf gleiche Weise beeindrucken? Nein. Es geht hier um mehr als um abstrakte Harmonie. In dem Bild sind die Menschen, Bäume, Hügel, Helme, Steine überzeugend wiedergegeben, man weiß, dass diese Dinge wachsen, sich entwickeln und ein Eigenleben besitzen, genauso wie man weiß, dass der Akrobat fallen könnte. Wenn auf dem Fresko alle Formen dazu geschaffen scheinen, im perfekten Einklang miteinander zu existieren, spürt man, dass in der Konsequenz alles, was ihnen vorher zugestoßen ist, nur als Vorbereitung zu diesem dargestellten Augenblick diente. Solch ein Gemälde macht die Gegenwart zum Scheitelpunkt der ganzen Vergangenheit. So wie eines der grundlegenden Themen der Lyrik das Vergehen der Zeit ist, ist das grundlegende Thema der Malerei der zur Dauer gebrachte Augenblick.

Das ist einer der Gründe, weshalb die Kalkulationen nicht kalt wirken. Wenn wir bemerken, wie der Helm des linken Soldaten in dem Hügel dahinter ein Echo findet, wie die gleiche schildförmige Form überall auf dem Gemälde mehr als zehn Mal wiederkehrt (zähle sie), oder wie der Stab des Christus, verbunden mit den Linien im Grundriss, auf denen die Bäume links und rechts stehen, auf den Punkt eines Dreiecks weist, dann faszinieren uns solche Entdeckungen nicht nur, sondern rühren uns zutiefst. Aber das ist nur ein Grund. Pieros geduldige und stille Berechnungen reichen weit über die bloße Harmonie des Aufrisses hinaus.

Betrachte zum Beispiel die alles umfassende Komposition des Bildes. Sein Zentrum, aber selbstverständlich nicht sein exakter Mittelpunkt ist die Hand Christi, die im Aufstehen das Gewand rafft. Die Hand fältelt den Stoff mit emphatischer Kraft. Das ist keine zufällige Geste. Sie scheint zentral für die ganze nach oben gerichtete Bewegung aus dem Grab zu sein. Die auf dem Knie rastende Hand ruht genauso auf der Braue des ersten Hügelgrats, und die Falten des Gewands fließen herab wie Bäche. Nach unten. Schau nur die Soldaten, die so alltäglich, so überzeugend schlafen. Nur der eine ganz rechts erscheint etwas seltsam. Seine Beine, sein zwischen ihnen steckender Arm, sein gebeugter Rücken sind nachvollziehbar. Aber wie kann er sich nur auf einen einzigen Arm stützen? Diese scheinbare Merkwürdigkeit gibt uns einen Hinweis. Er wirkt, als läge er in einer unsichtbaren Hängematte. Aber wo ist sie angebunden? Kehre wieder zur Hand zurück, und jetzt merkst du, dass alle vier Soldaten in einem unsichtbaren Netz liegen, das von dieser Hand gezogen wird. Der emphatische Griff ergibt vollkommen Sinn. Die vier tief eingeschlafenen Soldaten sind der Fang, den der auferstandene Christus mit sich aus der Unterwelt entführt, dem Tod entreißt. Wie ich schon sagte, Piero geht weit über die reine Harmonie der Komposition hinaus.

In seinem gesamten Werk steht hinter diesen Kalkulationen ein Ziel. Und das kann man nur so zusammenfassen, wie Henri Poincaré einmal den Zweck der Mathematik beschrieben hat:

> Mathematik ist die Kunst, unterschiedlichen Dingen den gleichen Namen zu geben … Wurde die Sprache gut gewählt, wird man erstaunt herausfinden, dass alle Folgerungen über ein bekanntes Objekt sich sofort auf viele neue Objekte beziehen lassen.

Pieros Sprache ist visuell, nicht mathematisch. Alles ist genau ausgewählt, denn alles beruht auf Grundlage hervorragender Vorzeichnungen. Trotzdem, wenn er mittels der Komposition einen Fuß mit dem Stamm eines Baumes verbindet – oder die verkürzte Aufsicht eines Gesichts mit der gestauchten Perspektive eines Hügels oder den Schlaf mit dem Tod –, dann tut er das, um deren gemeinsame Merkmale hervorzuheben, durch die sie alle im hohen Maße den gleichen physikalischen Gesetzen unterworfen sind.

Sein Augenmerk für Raum und Perspektive hängt von dieser besonderen Absicht ab. Die Notwendigkeit, in einem Raum zu existieren, ist der gemeinsame Faktor. Und deshalb die tiefere Bedeutung, die die Perspektive für Piero hatte, während sie für fast alle seiner malenden Zeitgenossen eine bloße Technik war.

Seine »Unbewegtheit« ist, wie schon angedeutet, mit dem gleichen Ziel verbunden. Er malte alles auf eine Weise, gleichmäßig, damit die gemeinsamen Gesetze, denen alles unterliegt, einfacher zu erkennen sind. Die Korrespondenzen in Pieros Bildern sind endlos, er musste sie nicht erfinden, er musste auf sie stoßen. Zwischen den Kleidern und dem Fleisch, zwischen Haar und Laub, zwischen einem Finger und einem Bein, einem Zelt und einem Schoß, zwischen einem Mann und einer Frau, einem Gewand und einer Architektur, zwischen Falten und Wellen. Aber irgendwie verfehlt eine solche Liste das Wesentliche. Piero handelte nicht von Metaphern, obwohl in dieser Hinsicht ein Dichter gar nicht so weit von einem Wissenschaftler entfernt ist: Er handelte von gemeinsamen Ursachen. Er erklärte die Welt. Die ganze Vergangenheit hat zu diesem Moment geführt. Und die Gesetze dieses Zusammentreffens sind der wahre Gehalt seiner Kunst.

So scheint es jedenfalls. Aber wie ist das in Wahrheit möglich? Ein Gemälde ist keine Abhandlung. Die Logik, mit der es misst, ist eine andere. In der zweiten Hälfte des 15. Jahrhunderts fehlen der Wissenschaft noch viele Daten und Zusammenhänge, die wir heute als notwendige Grundlagen erachten. Warum nur leuchtet uns heute Piero noch ein, im Gegensatz zu seinen zeitgenössischen Astronomen?

Schau in Pieros Gesichter, blicke auf sie, die uns betrachten. Zu ihren Augen gibt es keine Entsprechung. Sie sind einzeln und einzigartig. Es ist, als ob alles um sie her, die Landschaft, ihre Gesichter, die Nase zwischen den Augen, das Haar über ihnen, von ihnen ableitbar wäre und zum Reich des Erklärbaren gehörte: und als ob diese Augen durch zwei Schlitze von Außen auf die Welt blickten. Und hier steckt unser letzter Hinweis – in dem unverwandt spekulativen Blick von Pieros Betrachtern. Was er in Wirklichkeit malt, ist ein Geisteszustand. Er malt, wie die Welt sein würde, wenn wir sie völlig erklären, wenn wir völlig mit ihr eins sein könnten. Er ist als Maler des *Wissens* unübertroffen. Und er hat dieses Wissen mittels wissenschaftlicher Methoden erworben und – das ergibt mehr Sinn, als es zunächst scheint – durch Glück. Während der Jahrhunderte, in denen man in den Wissenschaften das Gegenteil der Kunst sah und in der Kunst das Gegenteil von Glück, wurde Piero übergangen. In unserer Zeit brauchen wir ihn wieder.

1959

Giovanni Bellini

Die Eroberung des Raums

Giovanni Bellini wurde 1435 geboren und war der erste große Maler Venedigs. Ich möchte vier seiner Madonnendarstellungen besprechen, die er über fünfunddreißig Jahre seines Lebens hinweg erschaffen hat.

Die erste entstand in den Jahren nach 1470, als er vierzig war. Die zweite zehn Jahre später, er war in den Fünfzigern. Die dritte wiederum zehn Jahre später. Und die letzte ungefähr 1505, als Bellini ein alter Mann von siebzig Jahren war.

Nun, vielleicht scheinen die Unterschiede zwischen den vier Bildern nicht allzu groß. Sie zeigen alle das gleiche Sujet; sie dienten alle dem gleichen religiösen Zweck. Auf jedem Bild trägt die Madonna fast das gleiche Gewand. Und doch ist in den vier Bildern eine Entwicklung angedeutet, die tatsächlich eine der wagemutigsten Innovationen der gesamten Kunstgeschichte darstellt. Das Sujet bleibt das gleiche, aber die Haltung des Künstlers ihm gegenüber, die Art, wie er es sieht, verändert sich auf revolutionäre Weise.

Kunstgeschichtlich besteht zwischen dem ersten und dem letzten Gemälde ein größerer Unterschied als zwischen jedem anderen Bilderpaar eines einzelnen Malers.

Bellinis lebenslange Leidenschaft und Interesse galt dem Licht. Das ist keine Überraschung, wenn man bedenkt, dass er meist in der Umgebung von Venedig arbeitete und seine Bilder von der Stadt handelten. Natürlich hätte er ohne Licht gar nicht erst malen können; ohne Licht können wir nichts sehen. Aber was ihn beschäftigte, war nicht das Licht, das die Dunkelheit besiegt und uns in die Lage versetzt, einen Gegenstand vom anderen zu unterscheiden; ihn interessierte weit mehr die Art und Weise, wie das Licht sich streut und eine Einheit aller Dinge herstellt, auf die es fällt. Deshalb wirkt ein Zimmer oder gar eine gesamte Landschaft gegen elf Uhr vormittags anders als um drei Uhr nachmittags. Vielleicht wäre es präziser, wenn man sagt, Bellinis Interesse galt dem Tageslicht. In diesem Sinn bedeutet Licht Raum. Es ist nicht bloß Funke oder Flamme, es ist ein ganzer Tag. Und sein ganzes Leben rang er darum, in seinen Gemälden einen Raum zu erschaffen, der alles, was wir unter Tageslicht verstehen, fassen und enthalten konnte.

Auf dem ersten Bild – der *Madonna Greca* in der Mailänder Brera – ist wenig Platz. Die beiden Figuren drücken sich wie ein Halbrelief direkt vor die Wand, die alles abschließt. Auf diesem Bild ist der Tag, wie es scheint, gerade einen Fuß breit.

Auf dem zweiten Gemälde – *Jungfrau mit Kind* (oder *mit dem Granatapfel*) in der National Gallery in London – wagt er es, seine Figuren ins Offene zu stellen. Er hat die Wand eingerissen. Er lässt den Tag von beiden Seiten hinein. Aber vorsichtig. Hinter den Figuren ist immer noch ein waagerechter Vorhang, der auf mysteriöse Weise vom Himmel herabhängt. Es scheint mir, dass der Raum erst allmählich von den Seiten her ins Bild sickert.

Auf der dritten Darstellung – *Jungfrau mit Kind*, wiederum in der National Gallery – ist der Vorhang weiter zurückgezogen, und die Figuren schauen uns nicht mehr direkt frontal an. Sie sind schräg in einem

Winkel angeordnet, und dieser Winkel, diese Neigung, führt unser Auge in die Landschaft dahinter, in den Tag. Und doch sind sie auch hier behütet und durch Schranken geschützt. Zum einen durch den Vorhang, zum anderen durch den Sims, auf dem das Kind sitzt. Dieser funktioniert wie der Rand einer Bühne, der uns von den Schauspielern trennt und den Raum, den sie für ihr Spiel haben, begrenzt.

Aber auf dem letzten Gemälde – *Madonna auf der Wiese*, ebenfalls in der National Gallery – gelingt es ihm wirklich – über dreißig Jahre nach dem ersten. Die Figuren befinden sich nun bei vollem Tageslicht auf einem offenen Feld. Wir können um sie herum spazieren. Die ganze Landschaft ist so voller Raum wie ein Tag lang.

Man mag sich fragen, ob diese Eroberung des Raums – denn darin gipfelt Bellinis Leistung – wirklich so schwierig gewesen sei. Kannte man zu seiner Zeit nicht schon die Gesetze der Perspektive? Ja, natürlich. Aber Bellini interessierte sich nicht dafür, die Illusion einer Ferne herzustellen. Er wollte den ganzen Raum, den er in seine Bilder brachte, mit Licht füllen, fast so, wie man ein Aquarium mit Wasser füllt. Es reichte ihm nicht, die nahen Objekte größer und die fernen kleiner darzustellen. Er wollte zeigen, wie das Licht gleichmäßig zwischen die Dinge fällt, er wollte mit jedem Bild ein Äquivalent dieser Ordnung und Einheit schaffen, die das Licht der Natur auferlegt. In einer zweiten Anstrengung strebte er danach, in seinen Bildern eine neue Art Ordnung und Einheit zu erschaffen.

Auf dem ersten Bild wird man gleich die gerade Linie erkennen, die die rechte Hand des Kindes beschreibt, sich nach oben fortsetzt und so genau und fein dem Kopfschmuck der Madonna entspricht. Das Bild ist voller solcher Berechnungen und Absichten, die ihm Einheit und Ordnung verleihen. Aber das Bild ist in der Fläche angelegt, ohne Tiefe, und so ist diese Anordnung eine Frage von Linien. Betrachte zum Beispiel die Hände der Maria. Jeder Finger ist einzeln für sich umrissen, so dass sie fast wie Klaviertasten wirken. Und tatsächlich, das Muster, von dem die Einheit des Bildes abhängt, beruht in seiner Gesamtheit auf dem Kontrast von dunklen und hellen Flächen, fast wie bei den Tasten eines Klaviers.

Auf dem zweiten Bild dreht es sich tatsächlich immer noch um die Frage, wie man eine Einheit durch Linien herstellen kann – auf einer Fläche. Sicherlich, das Kind tritt ein wenig in den Raum vor. Aber betrachte die beiden Streifen aus Himmel und Landschaft zu beiden Seiten. In Wirklichkeit wirken sie wie ein flaches Muster. Wie die Äderung der flachen Marmorplatte am Boden.

Auf dem dritten Bild verändert sich das. Es geht nicht mehr darum, Linien und Geraden anzuordnen, sondern es geht um Masse und Raum. Man bemerkt nicht mehr die einzelnen Finger der Madonna, sondern ihre Hand. Sie hält die des Kindes mitsamt dem Apfel und könnte genauso – würde es der Maßstab zulassen – den Hügel dahinter umfassen; und der Hügel wirkt, als hätte er genau die richtige Form, um sich in ihre Hand zu schmiegen. Oder schau auf ihren Umhang, wie er sich im Raum und um ihren Kopf bewegt – genauso wie die dunklen Bäume, die den Hügel umstehen und verdecken.

Auf dem letzten Gemälde gelingt Bellini schließlich die vollkommene Einheit zwischen den Figuren und dem ganzen lichterfüllten Tagraum. Zwischen den Händen der Madonna und ihren Fingern, die sich fast berühren, ist die gleiche Art Raum eingeschlossen, der den Turm auf dem Hügel umgibt. Ihr Schoß wird von dem Kind gefüllt wie eine Senke in der Landschaft von Licht. Selbst die Natur ist nun zu einer Einheit geworden: Die Bäume auf der Linken sind nicht einfach Linien auf einem Gemälde; sie existieren in einer Landschaft und in einem Raum. Und doch führt der dort hingesetzte Vogel unser Auge die Äste entlang hoch, die dann unseren Blick leicht nach rechts leiten, damit die Bewegung, mit der sich die Jungfrau nach rechts neigt, ein vollkommenes Echo findet.

Und so führte sein Interesse für das Tageslicht Bellini zu einer Eroberung des Raums, die es ihm ermöglichte, den Menschen in einen Bezug zur Natur zu setzen, wie es ihn zuvor noch nie gegeben hatte. Die Folgen davon reichen weit über die Kunst hinaus.

Das erste Bild, das fast byzantinisch wirkt, gehört noch zum Mittelalter, es ist ein Bild an der Kirchenwand, das allen Lärm und Verkehr der Welt ausschließt. Man kann sich ihm nur von vorne nähern, um vor ihm zu beten. Aber das letzte Bild zeigt eine Mutter auf dem Feld. Nicht nur, dass sie keinen Heiligenschein besitzt, man kann sich ihr von allen Seiten nähern, sogar von hinten, was bedeutet, dass sie Teil der Natur geworden ist, die man von allen Seiten betrachten, untersuchen, befragen kann. Es gibt keinen festen Blickpunkt, kein fixes Zentrum mehr. Wie in der Antike, die die Renaissance damals wiederentdeckte, wurde der Mensch zu seinem eigenen Zentrum und war frei, überall hinzugehen, wenn er es nur wagte.

Zwischen der Entstehung des ersten und des letzten Bildes entdeckte Christopher Columbus Amerika, Vasco da Gama segelte um das Kap der guten Hoffnung gen Indien, und in Padua, wo Bellini studierte, arbeitete Kopernikus an den Anfängen seiner Theorie, die beweisen sollte, dass die Erde um die Sonne kreist. Und so war der von Bellini in die Malerei eingeführte Raum das genaue Maß der neuen von den Menschen errungenen Freiheit. Und deshalb kann man die Unterschiede zwischen diesen vier Gemälden mit dem einen Sujet nicht anders als revolutionär nennen.

1962

Jan Vermeer

Der Maler in seinem Atelier

Alle großen Entdeckungen machen wir, bevor wir fünfundzwanzig werden. Vielleicht weil man ihnen da noch gierig entgegenblickt. Rilke war der erste moderne Dichter, den ich las. Matisse war der erste Zeichner, den ich verstand. Meine Erfahrung dieser Werke lässt sich nicht von dem Bett einer jungen Frau trennen, von den Straßen Londons im ersten Morgenlicht, von dem Treppenhaus, in das wir, über das Geländer gelehnt, hinabschauten und rauchten, während sich das Modell in der Aktklasse ausruhte und die deutschen Flugzeuge hoch über uns flogen; im Treppenhaus sahen wir Männer und Frauen hinauf- und hinabsteigen – ihr Leben voller Verwicklungen, Abschiede und Gaben. Gewisse Gedichte Rilkes sind für mich noch heute mit dem Stolz jener Jahre verknüpft.

Die späteren Entdeckungen sind nüchterner. Man spürt, dass man plötzlich etwas in einem anderen Licht erblickt. Doch dieses Licht ist so sachlich wie die Wahrheit selbst. Die Wahrnehmungen sind nicht mehr so stark von den Empfindungen unseres Körpers geprägt. Man wird gleichzeitig demütiger und ein wenig arroganter. Man empfindet eine Pflicht und nicht wie zuvor nur die Leidenschaft, zu entdecken und entdeckt zu werden. Mit fünfunddreißig fängt jeder an, zu erklären.

Vermeers Bild »Das Atelier eines Malers« entdeckte ich relativ spät – es war im Sommer 1961 im Kunsthistorischen Museum zu Wien. Draußen im Park badeten die Spatzen im Staub, und sie spurten sich bereits einen Weg zum Bewusstsein Corkers: der Hauptfigur des Romans, an dem ich gerade schrieb.

Viele Jahre lang war ich achtlos an den Bildern Vermeers vorübergegangen. Erst der Maler Friso ten Holt überredete mich, genauer hinzuschauen. Ich bemerkte, dass Vermeer mit anderen niederländischen Genremalern nur das Sujet gemeinsam hatte und dass es für ihn auch nur der Ausgangspunkt war. Sein Hauptinteresse lag woanders und war geheimnisvoller.

Was wollte er mit diesen schweigenden Räumen ausdrücken, von Licht erfüllt wie ein Aquarium? (Man kann fast sogar das Licht hineinfließen hören.) Welche Bedeutung haben die am Tisch oder vor dem Fenster stehenden Frauen, die das Licht uns zeigt? Warum fühlen wir uns ihnen manchmal so nah, scheinen unsere Augen jeden Tropfen dieses innigen Lichtes aufzunehmen (als würden wir durch unser Schauen die leicht feuchte Oberfläche des Bildes trocknen) und warum bleiben wir den Frauen gleichzeitig so fern?

Das ist nicht bloß rhetorisch gemeint, Vermeer war einer der absichtsvollsten Maler der Kunstgeschichte. (Sein äußerst schmales Œuvre ist eine Konsequenz davon.) Die Bedeutung seiner Bilder, ihr Sinn, so komplex er auch ist, muss in hohem Maße durch Überlegung entstanden sein.

Die bekannteste Erklärung hierzu ist technischer Art. Vermeer benutzte eine Camera obscura. (Eine Camera obscura funktioniert wie eine alte Plattenkamera mit dem Tuch an der Rückseite, unter dem der Fotograf verschwindet. Doch fällt das Licht nicht auf eine präparierte Platte, sondern der Künstler selbst zeichnet das Bild auf einem Blatt Papier oder einer Leinwand nach.) Daraus resultiert der merkwürdige Eindruck, als würde die Perspektive Vermeers zurückweichen – alle im nahen Vordergrund stehenden Dinge erscheinen in mittlerer Entfernung; das ist der Grund, dass seine Sujets die seltsam kalte Intimität von Farbfotografien besitzen.

Obwohl diese Erklärung sicher teilweise richtig ist, scheint sie den Kern nicht ganz zu treffen. Es erhebt sich nämlich die Frage, warum Vermeer diese technische Vorrichtung mit solch störrischer Ausschließlichkeit benutzte. Lawrence Gowing bietet in seinem Buch über Vermeer eine psychologische Erklärung: Vermeer hätte die Wirklichkeit nicht ertragen, hätte er nicht als Schutz einen künstlerischen Vermittlungsprozess dazwischengeschaltet. Während der Lektüre schien mir diese These plausibel, aber sie konnte mich nicht restlos überzeugen. Es schien mir in Vermeers Kunst eine philosophische Absicht verborgen, die noch nicht vollständig verstanden war. Ich hatte nur keine Ahnung, wo genau sie zu suchen war.

Unterdessen fiel mir als möglicher Hinweis auf die unbekannte Antwort sein ständig wiederkehrendes Interesse an Zeichen, Bildern und Geschriebenem auf. In fast jedem seiner Interieurs findet sich entweder eine Landkarte, ein Notenblatt, ein Brief, ein Plan oder ein Bild, dessen Sujet als Ideogramm fungiert. (Zum Beispiel ist hinter der »Perlenwägerin« ein Bild mit dem Jüngsten Gericht zu erkennen.) Beruhte dies auf bloßer Konvention oder auf zeitgenössischem Geschmack? Oder war es eine persönliche Leidenschaft, eine Obsession?

Ich war vor allem wegen der Bilder von Brueghel, Rubens und Strozzi nach Wien gekommen. Strozzi war ein Kleinmeister, aber ein großer Geschichtenerzähler, der mich sehr faszinierte. Ich ließ mich schnell davon überzeugen, dass er Arzt gewesen sei – dies könnte seine bemerkenswerte psychologische Einfühlung erklären. Ich sah dabei ein Vermeer, aber mehr aus dem Augenwinkel als bewusst. Doch dann beanspruchte er plötzlich meine ganze Aufmerksamkeit. Hier kommentierte Vermeer seine Rolle als Maler, er vertraute dem Bild sein Vermächtnis an. Alle Vermeers, die ich bisher gesehen hatte, hielt ich nun gegen dieses eine Bild.

Das Gemälde zeigt einen Künstler, der eine junge Frau malt, die im Licht eines für uns unsichtbaren Fensters steht. Das Bild wurde allegorisch ausgelegt: Die junge Frau personifiziert Klio, die Muse der Geschichte, sie hält die Posaune des Ruhms und das goldene Buch der Welthistorie in Händen. Nach dieser Interpretation müsste sie in den Gegenständen auf dem Tisch die Embleme drei anderer Musen erkennen: in der Maske Thalia – die Muse der Komödie –, in dem Buch Polyhymnia – die Muse des Gesangs –, in der Partitur Euterpe – die Muse des Flötenspiels. Die Kommentatoren stimmen darin überein, dass sich Vermeer selbst in seinem Delfter Atelier in dem Maler dargestellt hat.

Diese Interpretation des Bildes als Allegorie ist scharfsinnig, aber sie schien mir nicht ganz stimmig. Könnte es nicht eine grundlegendere Erklärung geben? Das, was die junge Frau auf dem Tisch betrachtet, sind nichts anderes als die optischen Attribute ihrer Erscheinung. Dort liegt ein Gesicht (die Maske), ein zweites großes Buch, etwas Blaues, im gleichen Farbton wie ihr Kleid, etwas Gelbes, korrespondierend zum Einband des Buches, ein Streifen hellrosafarbenen Papiers, das Echo auf den Blick, den wir von ihrem rosafarbenen Kragen erhaschen, und in dem Vorhang, der über die vordere Tischkante hängt, finden wir, im Muster eingewirkt, die blauen Blätter ihres Lorbeerkranzes wieder. Zugegeben, auf dem Tisch fehlt eine Posaune, aber da ist das Notenblatt, das das Instrument in Musik verwandeln kann. Alle Momente dieser Gegenüberstellung zielen auf die Differenz zwischen Belebtem und Unbewegtem: eine Differenz, die über die optischen Attribute hinausweist. Als wenn Vermeer ausrufen wollte: Atem ist alles!

Um zu unterstreichen, wie entscheidend dies für den Augenblick der Malerei ist, stellt sich Vermeer selbst dabei dar, wie er auf der Leinwand mit sorgfältigen Strichen die Lorbeerblätter des lebenden Modells andeutet. Diese Flächen unterscheiden sich von dem in den Vorhang eingewebten Laub, denn das Laub des Vorhangs ist leblos. Die lebendige Frau umgibt sich mit den gleichen Blättern, aber sie verwandelt sie – sie werden wie sie selbst: unvorhersehbar. Der Maler fixiert die Blätter auf der Leinwand; wiederum sind sie leblos und zweidimensional, doch nun laden sie sich auf mit der Aufmerksamkeit des Malers für das Geheimnis seines lebenden Modells.

Vermeers Vater war Seidenwirker gewesen, die Vorlagen für die Blumen und Vögel seiner Vorhänge hatte er wahrscheinlich selbst entworfen. Vielleicht hatte Vermeer von ihm zeichnen gelernt. Und falls das stimmt, wird der Ehrgeiz, Maler zu werden, ihn dazu bestimmt haben, die dekorativen Ornamente seines Vaters hinter sich zu lassen, so dass er sich der Unterschiede zwischen einer lebendigen Form und einer schematisierten Wiedergabe wohl bewusst wurde. Später wird der Gebrauch der Camera obscura diese Aufmerksamkeit vertieft haben. Auf der einen Seite half sie ihm, den Erscheinungen des Lebendigen treu zu bleiben, auf der anderen unterstrich sie, wie sehr die Kunst von den Kniffen und Tricks der Technik abhängig war. Dort, da draußen, lag die sich wandelnde, zu ertastende Wirklichkeit! Und hier in dem Kasten die flache Erscheinung, deren Umriss er nachfuhr. Das soll nicht heißen, dass Vermeer seine Kunst bloßstellte. Nicht dieser Beschränkung galt sein Augenmerk, sondern den Aspekten der Wirklichkeit, die sich der visuellen Wiedergabe entziehen.

Historisch gesehen ist dies nicht überraschend. Vermeer wurde in dem Jahr geboren, in dem Galilei seine kopernikanischen Dialoge veröffentlichte. Er war Zeitgenosse von Pascal, der nicht einmal zehn Jahre zuvor geschrieben hatte:

> Die ganze sichtbare Welt ist nur ein unscheinbarer Strich im weiten Kreis der Natur. Keine Idee reicht an sie heran, wir können unsere Gedankenbilder noch so sehr über die vorstellbaren Räume hinaus ausweiten, wir bringen doch nur Atome im Vergleich zu den wirklichen Dingen hervor. Es ist eine unendliche Kugel, deren Mittelpunkt überall und deren Peripherie nirgendwo ist.

Vermeer war ein Freund von Leeuwenhoek, dem Mikroskopisten, der die unsichtbaren Wimpertierchen entdeckt und beschrieben hat. Zum ersten Mal war es die Wissenschaft und nicht die Religion, die die Existenz von mit bloßem Auge nicht Sichtbarem bewies.

Allmählich verstand ich die Bedeutung der Landkarten an den Wänden Vermeers: Die Karten sind Diagramme der Landschaft draußen vor dem Fenster, die wir nie erblicken; ich erkannte die Bedeutung seines Lieblingssujets, die entweder gerade empfangenen oder eben erst geschriebenen Briefe, deren Botschaften aus der Welt da draußen wir nie erfahren werden; ich sah die Bedeutung des schrägen Lichteinfalls durch die Fenster, die für uns unsichtbar bleiben. Hierin unterscheidet sich Vermeer grundlegend von anderen niederländischen Genremalern: Alle Details in den von ihm geschaffenen Interieurs weisen auf etwas, das draußen stattfindet. Ihr Sinn ist alles andere als häuslich. Der umschlossene Winkel des Zimmers ist nur dazu da, uns an das Unendliche zu erinnern.

Vermeer war der erste Skeptiker unter den Malern, der erste, der den Augenschein des Sichtbaren in Frage stellte. Weil sich heute, drei Jahrhunderte später, dieser Skeptizismus zu einer Desillusioniertheit ausgewachsen hat und die Kunst, die unmittelbaren Erscheinungen aufzuzeichnen, aufgegeben wurde, fällt es uns schwer, abzuschätzen, wie ruhig und gemessen die Skepsis Vermeers gewesen ist. Sie bildete die Grundbedingung, unter der er sich dem Sichtbaren zuwandte. Mit unnachahmlicher Präzision konnte er das Portrait eines Augenblicks umreißen, denn er war überzeugt, objektiv und sachlich, ohne ein Gran Nostalgie, dass jeder der aufeinanderfolgenden Augenblicke unwiederholbar sei.

Die Impressionisten widmeten sich den momentanen, sich stets ändernden Effekten des Lichtes. Doch sie arbeiteten unter der Annahme, dass sich diese Effekte – träten nur die gleichen klimatischen und atmosphärischen Bedingungen ein – wiederholen würden. Vor den Landschaften Monets werden wir aufmerksam für die genaue Tages- und Jahreszeit. Vor einer der Frauen Vermeers, die den Kopf wendet, einen Brief liest, Milch ausgießt, vor dem Spiegel eine Halskette anprobiert, ein Glas hebt, bemerken wir das Fließen der Zeit selbst.

Und deshalb erscheint das Licht wie Wasser.

1966

Paul Cézanne

Ein Apfel für das Rot, ein Himmel für das Blau

Jeder, der sich im 20. Jahrhundert in Europa für Malerei begeisterte, musste sich den Errungenschaften, dem Geheimnis, dem Scheitern und dem Triumph von Cézannes Werk stellen. Er starb sechs Jahre nach dem Anbruch des neuen Jahrhunderts mit 76. Er war ein Prophet, doch wie so viele Propheten hatte er es darauf nie angelegt.

In Paris zeigte das Musée du Luxembourg eine großartige Ausstellung mit über 75 Gemälden aus allen seinen Lebensepochen, die uns dazu einlud, Cézannes Originalität erneut zu prüfen. Für mich war es, selbst nach einer lebenslangen Freundschaft mit seinen Bildern, eine Offenbarung. Ich vergaß alles über Impressionismus, Kubismus, die Kunstgeschichte des 20. Jahrhunderts, die Moderne, Postmoderne, und sah allein die Liebesgeschichte seiner Affäre mit dem Sichtbaren. Und ich sah es vor mir wie ein Schema in der Gebrauchsanweisung für ein neues Werkzeug oder Gerät.

Beginnen wir mit dem Schwarz, das sich in vielen seiner frühen Werke findet, die er zwischen zwanzig und dreißig malte. Ein Schwarz, wie man es nirgendwo sonst auf Gemälden sieht. Eine solche Präsenz, eine solche Substanz! Seine Dominanz ähnelt der Finsternis auf den späten Gemälden Rembrandts, doch Cézannes Schwarz ist viel greifbarer. Es ist die Schwärze einer Schachtel, die alles enthält, was in der Welt der Dinge existiert.

Nach ungefähr zehn Jahren Arbeit begann Cézanne Farben aus der schwarzen Schachtel zu ziehen: nicht die Primärfarben, sondern vielschichtige, dichte Farben, und er suchte für sie einen Ort zwischen all dem, was sich seinem scharfen Blick darbot: ein Dach oder einen Apfel für das Rot, einen Körper für die Farbe von Haut, eine bestimmte Wolkenlücke im Himmel für ein bestimmtes Blau. Die Farben, die er aus der Schachtel hervorzog, waren wie das Muster eines Gewebes, das aber nicht aus Fäden oder Baumwolle entstand, sondern aus den Spuren, die der Pinsel oder der Spatel in der Ölfarbe hinterließ.

Dann, in den letzten zwanzig Jahren seines Lebens, begann er die Farbe als Tupfer auf die Leinwand aufzutragen, aber nicht, wo sie der Lokalfarbe eines Gegenstandes entspricht, sondern dort im Raum, wo sie unseren Augen einen Pfad andeuten kann, auf dem sie uns entgegenkommt oder sich von uns entfernt. Gleichzeitig ließ er mehr und mehr Stellen seiner Leinwand unberührt. Diese freien Stellen sind aber nicht stumm; sie stellen die Leere dar, die ausgesparte Offenheit, aus dem das Gegenständliche mit dem es ihn umgebenden Raum hervortritt.

Cézannes prophetische späte Gemälde handeln von der Schöpfung, der Erschaffung der Welt, oder wenn man es lieber hat, des Universums. Fast bin ich versucht, die schwarze Schachtel, in der er seinen Ausgangspunkt fand, ein schwarzes Loch zu nennen! Aber das wäre ein Wortspiel und deshalb zu einfach. Denn alles, was er tat, war stur, eigensinnig, schwierig.

Ich glaube, auf Cézannes Lebensreise als Maler gab es eine eschatologische Wende, und seine Gedanken wurden immer apokalyptischer. Von Beginn an war er vom Rätsel des Gegenständlichen besessen. Warum besitzen

Dinge Dichte? Warum ist alles, uns Menschen eingeschlossen, stofflich? In seinen allerersten Werken neigte er dazu, das Stoffliche auf das Körperliche zu reduzieren, wie es sich in dem Leib zeigt, in dem wir zu leben verdammt sind. Und er war sich brennend bewusst, was Fleisch zu sein bedeutet: unsere blinden Triebe, unsere Leidenschaft und unsere Neigung zu unmotivierter Gewalt. Deshalb die wiederholte Motivwahl wie »Mord« oder »Verführung«. Vielleicht wäre es besser gewesen, die schwarze Schachtel wäre verschlossen geblieben.

Mit der Zeit weitete er jedoch seine Empfindung und Wahrnehmung der Körperlichkeit aus, so dass sie Dinge mit einschlossen, von denen wir sonst nicht annehmen, dass sie einen Leib besitzen. Vor allem bei den Stillleben wird dies deutlich. Die von ihm gemalten Äpfel besitzen die Autonomie von Körpern. Ein jeder Apfel genügt sich selbst. Jeden Apfel hatte er in der Hand gehalten und als einzigartig erkannt. Seine leeren Porzellanschalen warten darauf, gefüllt zu werden. Ihre Leere ist voller Erwartung. Sein Milchkrug ist unwiderlegbar da.

In der dritten abschließenden Phase seines Lebenswerkes – nach meinem Schema –, stieß er mit seiner Wahrnehmung der Körperlichkeit noch weiter vor. Ein Jugendlicher (vermutlich sein Sohn) liegt irgendwo bei Paris am Ufer im Gras und ist genauso wahrnehmbar von Luft berührt wie die Montagne Sainte-Victoire in der Provence an einem bestimmten Tag von Wetter, Wind und Licht. Cézanne entdeckte, dass das Gleichgewicht der Körper und die geologische und natürliche Unvermeidbarkeit einer Landschaft zueinander komplementär waren. Die Einkerbungen auf einigen Felsen im Wald von Fontainebleau sind so intim wie eine Achsel.

Seine späten Badenden formieren sich zu Gebirgszügen. Der verlassene Steinbruch bei Bibémus wirkt wie ein Portrait.

Welches Geheimnis steckt hinter all dem? Cézannes Überzeugung, dass das, was wir als Sichtbares wahrnehmen, nichts Gegebenes, sondern ein Konstrukt ist, an dem die Natur und wir gemeinsam arbeiten. »Die Landschaft«, sagte er, »spiegelt sich, vermenschlicht sich, denkt sich in mir ... aber mir scheint, dass ich das subjektive Bewusstsein der Landschaft wäre und die Leinwand ihr objektives.« Und er sagte auch: »Die Farbe ist der Ort, wo unser Gehirn und das Weltall sich begegnen.«

Und genau so hat er die schwarze Schachtel ausgepackt.

2011

Claude Monet

Woandershin

Es gibt zweifellos viele Wege, sich der wunderbar gehängten Claude Monet-Ausstellung des Grand Palais in Paris zu nähern. Der Besucher mag den Bildern wie auf einem Landweg folgen, durch Wälder und entlang der Küste, ein Pfad, der ihn schließlich nach Giverny führt, wo der Maler seinen geliebten Garten schuf und in hohem Alter immer wieder versuchte, seine berühmten Seerosen zu malen. Die Natur, durch die uns dieser Weg führt, ist unverkennbar französisch – genau wie der Ausdruck »Impressionismus« selbst. Eine Natur, die dich dazu bringt, dich in das Frankreich von vor 100 Jahren zu verlieben.

Oder der Besucher sucht sich eine bestimmte Leinwand aus – sagen wir *Le Petit Ailly, Varengeville, bei Sonnenschein* (1897). Monet hat diese Klippenspitze mit der verwilderten Bachschlucht, die zum Meer und zur sogenannten Fischerhütte hinunterführt, immer wieder gemalt. Das Sujet war für ihn unerschöpflich. Wenn man davor steht, kann man den Blick schweifen lassen und den »Kommas«, dem Tasten der Ölfarbe, folgen. Die zahllosen Striche verweben sich aber nicht zu einem Tuch, sondern zu einem Korb aus Sonnenlicht, der jeden nur vorstellbaren sommerlichen Klang von der Küste der Normandie enthält – bis der Korb zu deinem eigenen Nachmittag wird.

Oder man nimmt die Ausstellung als Einladung, Claude Monet 84 Jahre nach seinem Tod neu zu denken. Nicht mit akademisch kunsthistorischen Argumenten, sondern mit der Hoffnung, deutlicher zu umreißen, was Monets Kunst erreicht hat – und wie sie auf uns wirkt.

Man denkt sich Monet gern als den Meister, den Patriarchen der Impressionisten, die sich von neuen Sujets haben inspirieren lassen, die sie draußen entdeckten: in der Natur, bei ständig sich änderndem Tageslicht und Wetter. Ihr Ziel war es, ihre Sicht der flüchtigen Momente zu erhaschen – und oft genug waren es Augenblicke des Glücks. Licht und Farbe bekamen Vorrang vor Form und Erzählung, und ihre Kunst gründete auf der präzisen Beobachtung der sich ewig ändernden atmosphärischen Eindrücke. Sie feierten das Ephemere und fochten es gleichzeitig an. Und das alles in einem kulturellen Klima, das dem Pragmatismus und Positivismus huldigte.

Monet malte die Fassade der Kathedrale von Rouen dreißig Mal, jede Leinwand erfasste eine andere, immer wieder neue Verwandlung im ewig unsteten Licht. Er malte zwanzig Mal die beiden gleichen Heuhaufen auf einem Feld. Manchmal war er zufrieden, öfter enttäuscht. Trotzdem machte er mit dem festen Vorsatz weiter, noch mehr zu suchen, noch genauer, noch treuer zu sein, aber wie und gegenüber wem? Dem flüchtigen Moment?

Wie viele bahnbrechende Künstler blieb Monet, so glaube ich, im Ungewissen darüber, was er eigentlich geschaffen hat. Oder, um es genauer zu sagen, er hatte keinen Namen für das Erreichte. Er konnte es nur intuitiv wiedererkennen und dann daran zweifeln.

Um sich Monet erneut zu nähern, ist *Camille Monet auf ihrem Totenbett* (1879) ein Schlüsselbild. Wir sehen ihren Kopf auf dem Kissen, um ihr Gesicht ist ein Schal gebunden, Mund und Augen sind weder geöffnet noch geschlossen, die Schultern schlaff. Die Farben entsprechen ganz dem Schatten und schwindenden Sonnenlicht auf einem kleinen Hügel, auf dem es schneit (die Kissen). Die hin und her springenden Pinselstriche sind diagonal. Durch einen Schneesturm aus Verlust sehen wir Camilles unbewegtes Antlitz. Die meisten am Totenbett entstandenen Bilder erinnern uns an den Leichenbestatter. Dieses nicht, es handelt von einem Moment des Abschieds, davon, dass es woandershin geht. Und es ist eines der größten Bilder der Trauer.

Zehn Jahre vor Camilles frühem Tod hatte Monet die Ecke eines von Schnee bedeckten Feldes gemalt. In der Ferne sieht man ein kleines Gatter, auf dem eine Elster sitzt. Nach ihr benannte er das Bild *La Pie*. Unsere Augen werden von dem kleinen schwarz-weißen Vogel angezogen, zum einen, weil er den Fluchtpunkt der ganzen Komposition bildet, zum anderen, weil wir wissen, dass er jeden Moment auffliegen könnte. Er ist kurz davor, zu verschwinden. Er ist dabei, woandershin zu fliegen.

Ein Jahr nach dem Tod seiner Frau arbeitete Monet an einer Serie von Leinwänden über den starken Eisgang auf der Seine. Einige Jahre zuvor hatte er sich dem Sujet schon einmal gestellt, damals nannte er das Bild *La Débacle*. Er war fasziniert von dem Auseinanderbrechen, dem sich Übereinanderschieben der Eisschollen, die vor dem Tauwetter noch fest und massiv eine einzige Fläche gebildet haben. Und nun werden sie von der Strömung flussab getragen.

Manche der zerbrochenen weißlichen Rechtecke der Eisschollen lassen mich an unbemalte, treibende Leinwände denken. Hatte er vielleicht das gleiche gedacht? Wir werden es nie wissen.

Alle seine Gemälde handeln vom Fließen. Aber ist es wirklich, wie die Doktrin des Impressionismus es will, das Fließen der Zeit? Ich bin davon nicht überzeugt.

Lange nachdem er Camille auf ihrem Totenbett gemalt hatte, schrieb Monet an seinen Freund Clemenceau über den Schmerz und den Schock, den er während des Malens empfunden hatte, als ihm plötzlich gewahr wurde, dass er ihr bleiches Gesicht und die vom Tod hervorgerufenen winzigen Farb- und Tonveränderungen studierte, als ob sie etwas täglich zu Beobachtendes seien! Er endete mit den Worten: »*Ainsi de la bête qui tourne sa meule. Plaignez-moi, mon ami.*« – »Wie ein Tier in der Tretmühle. Bedauern Sie mich, mein Freund.«

Er beklagte, dass er, wenn er den Pinsel niederlegte, sich nicht mehr erklären konnte, was er gerade gemacht hatte und wohin ihn seine Pinselstriche führten.

Monet hat einmal erklärt, dass er nicht die Dinge an sich malen möchte, sondern die Luft, die die Dinge berührt. Die Luft, die sie umhüllt. Die alles umhüllende Luft besitzt Kontinuität und unendliche Ausdehnung. Und wenn Monet die Luft malen kann, kann er ihr folgen, als ob sie ein Gedanke wäre. Natürlich mit der Ausnahme, dass die Luft ohne Worte auskommt, und, falls sie gemalt wird, nur als Farbe, Berührung, Schicht, Palimpsest, Schattierung, Zärtlichkeit, Kratzer sichtbar gegenwärtig wird. In dem Moment, da er sich der Luft weiter und weiter nähert, führt sie ihn zusammen mit dem ursprünglichen Sujet *woandershin*. Das Fließen ist nicht mehr das der Zeit, sondern das der Substanz und der Ausdehnung.

Die Luft führt ihn, wohin? Zu anderen Dingen, die sie umhüllen oder umgeben wird und für die wir noch keinen Namen haben. (Wenn wir sie »abstrakt« nennen, bedeutet das nur, dass wir sie mit unserem Unwissen taufen.)

Monet bezog sich oft auf eine »Augenblicklichkeit«, die er einzufangen versuchte. Die Luft, die Teil ist einer unteilbaren Substanz von unendlicher Ausdehnung, verwandelt diese Augenblicklichkeit in eine Ewigkeit.

Die Gemälde von der Fassade der Kathedrale in Rouen dokumentieren nicht mehr flüchtige Eindrücke, sondern antworten auf Korrespondenzen mit anderen Dingen, die der unendlichen Ausdehnung angehören. Auf diese Weise ist die Hülle aus Luft, die sich um die Kathedrale von Rouen legt, von zweierlei bestimmt – von der peinlich genauen Wahrnehmung der Kathedrale durch den Maler und von einer Bestätigung dieser Wahrnehmungen, die von einem Ort ohne Namen und Adresse stammen.

Die Gemälde der Heuhaufen antworten der Energie und Hitze des Sommers, den vier Mägen einer Kuh, die Heu wiederkäut, den Reflexen auf dem Wasser, dem Felsen im Meer, dem Brot, einem Büschel Haare, den Poren einer gesunden Haut, den Bienenstöcken, dem Gehirn …

Bei dem Versuch, Monet neu zu denken, würde ich dem Ausstellungsbesucher vorschlagen, in den Gemälden weniger Aufzeichnungen von bestimmten Orten oder flüchtigen Momenten zu sehen, als vielmehr Ausblicke auf etwas, das universell und immerwährend ist. Dieses Woanders ist die Obsession der Bilder, es ist eher räumlich als zeitlich, eher metaphorisch als nostalgisch.

Eine von Monets Lieblingspflanzen war die Iris. Keine andere Pflanze verlangt so sehr danach, gemalt zu werden. Das hat mit der Art zu tun, wie sie ihre stets makellosen Blüten öffnet. Eine Iris ist wie eine Prophetie, gleichermaßen erstaunlich wie ruhig. Vielleicht hat er sie deswegen so geliebt.

2010

Mark Rothko

Auswandererfarben

Nach der Rückkehr aus Basel scheint es mir, als ob Rothkos Lebenswerk eine Geschichte ergibt, die in etwa wie eine Fabel klingt. Sie erzählt natürlich nicht die ganze Wahrheit – welche Geschichte tut das schon? –, aber vielleicht lässt sie den Kern seiner Errungenschaften etwas deutlicher hervortreten.

Marcus ist am 25. September 1903 (im Zeichen der Waage) in Dwinsk, Russland, geboren. Sechs Jahre später wandert sein Vater nach Portland, Oregon, aus, wo er als Lumpenhändler arbeitet. 1913 findet sich die gesamte Familie Rothkowitz einschließlich Marcus hier wieder zusammen. Ein Jahr später stirbt sein Vater. Mit elf Jahren verkauft Marcus Zeitungen, aber er ist ein hervorragender Schüler und mit siebzehn erhält er ein Stipendium für Yale. Sein Interesse gilt der Philosophie und, mehr als alles andere, dem Theater und der Musik. Die Malerei zieht ihn nicht vor seinem zwanzigsten Lebensjahr in ihren Bann. Mit siebenunddreißig anglisiert er 1940 seinen Namen zu Mark Rothko.

Wie viele jüdische Auswanderer befinden sich unter den Künstlern seiner Generation? Ihre große Zahl ist für das zu Ende gehende 20. Jahrhundert charakteristisch. Und doch ist Rothkos Behandlung des Themas der Emigration einzigartig – und das nicht allein im Hinblick auf die jüdische. Andere Künstler sind nostalgischer, persönlicher, risikofreudiger, gequälter, aber niemand – so scheint es mir – erkannte, wie sehr das Drama der Auswanderung die Sprache der Malerei von innen nach außen kehren konnte. Lass mich das erklären.

Seinen ersten Auftrag erhält er 1927; er sollte Karten und Illustrationen für ein in New York veröffentlichtes Werk zeichnen mit dem Titel: *The Graphic Bible: From Genesis to Revelation in Animated Maps and Charts.* (Das Buch kam mir nie unter die Augen, aber sein Titel – *von der Schöpfung bis zur Offenbarung* – scheint prophetisch.)

Von den frühen Dreißigern bis 1948 arbeitet er als Maler. Er entwickelt sich, aber seine Bilder sind empfindsam ernste Beispiele von Avant-garde-Kunst, mehr nicht. Wenn man von seiner späteren Errungenschaft heute darauf zurückschaut, mag das überraschen, aber so war es. Selbst als er die ersten Rechtecke malt, die er seine »Dinge« nennt, leiht er sich die Idee dazu, so vermute ich, entweder von seinem Freund Barnett Newman oder von seinem Freund Clyfford Still. Die kolossale Originalität, auf die er stoßen wird, ist wie eine Heimsuchung und ereignet sich erst im folgenden Jahr, 1949, als er bereits Sechsundvierzig ist! Danach, bis zu seinem Tod zwanzig Jahre später, wird er nie mehr zurückschauen. Oder um genauer zu sein, er tut nichts anderes, als zurückzuschauen, aber auf eine Art, wie es bisher noch kein Maler je machte!

Alle bisherige Malerei – von den Steinzeithöhlen bis zur modernen Abstraktion – war entweder eine Widerspiegelung von oder ein Spiel mit den Erscheinungen, auf die man in der existierenden Welt stieß. Die gemalten Formen und Farben, ob erfunden oder einfach nur nachgezeichnet, bezogen sich alle mehr oder weniger auf das, was nach dem Anblick der sichtbaren Welt in der

Vorstellung zurück geblieben war. Das gilt für Rubljow wie de Kooning. Es gilt sogar für Barnett Newmans Farbkonstruktionen. Rothkos Bilder machen oder insinuieren das Gegenteil. Sie handeln von den Farben oder einem Licht, das die Schöpfung der sichtbaren Welt selbst *erwartet*. Ihr Ausdruck ist der einer intensiven Vorahnung, wie sie vielleicht der Blitz vor dem Big Bang durchzuckte! (Dieser Ausdruck ist rein rhetorisch, und ich kann nicht verstehen, wie diese Gemälde einen solchen Eindruck hervorbringen können; dennoch bin ich mir sicher, dass diese Leinwände die sichtbare Welt *erwarten*. Nicht nach, sondern vor ihrem Eintreffen.)

Eine andere Art, dies auszudrücken, wäre die Frage, warum sich seine Bilder nicht auf den allerersten Schöpfungsakt beziehen? Ob sie nicht eine Suche nach dem Anfang, dem Ursprung an sich sind?

Rothko gelang es, die Malerei von innen nach außen zu kehren, weil die von ihm so sorgfältig gemischten Farben darauf warteten, die Dinge abzubilden, die es noch nicht gab. Seine Kunst ist die eines Auswanderers, denn sie sucht, wie es nur Migranten tun, den unauffindbaren Ort des Ursprungs, den Augenblick, bevor alles begann.

In einer seiner Vorlesungen erwähnt George Steiner eine bestimmte seltene, ich denke von Nomaden benutzte Sprache, in der die Zukunft als etwas *hinter* dem Sprecher liegendes gedacht wird, denn sie ist nicht zu fassen, während die Vergangenheit vor ihm liegt, deutlich zu erkennen und herzuleiten. In diesem Sinn schaut Rothko *voraus* auf das, was einmal war.

Niemand kann sich mit dem Sehen beschäftigen, ohne an die Blindheit zu denken. Rothkos Werk ist ihr äußerst nahe. Eine tragische Blindheit in Farbe. Die großartigsten seiner Leinwände handeln nicht vom Blindwerden, aber davon, die Scheuklappen der Farben abzunehmen, aus denen die sichtbare Welt gerade (wieder) erschaffen wird!

Klinge ich verrückt?

In Liebe, John

Haute Savoie
6. Mai 2001

Kut,
eine Postkarte mit einem Zitat von ihm, das ich gerade gefunden habe:

> Wenn ich mein Vertrauen überhaupt in etwas legen soll, dann in die Psyche des empfindsamen Betrachters, der frei von den Konventionen des Verstehens ist. Ich hätte keinerlei Bedenken hinsichtlich des Nutzens, die er aus den Bildern für die Bedürfnisse seiner eigenen Seele zöge. Denn wenn es sowohl Bedürfnisse als auch eine Seele gibt, wird gewiss eine wirkliche Transaktion stattfinden.

Ich bin mir nicht sicher mit dem »empfindsam«, aber eine »Transaktion«, ja.

xxx. John

2001

Christoph Hänsli

Mortadella

Zuerst das Projekt, das Ereignis. Zweitens sein Schöpfer, der Künstler. Drittens die Überraschung.

Das Projekt: Man nehme eine etwas kleinere Mortadella von ungefähr 16 cm Durchmesser und 22 cm Länge. Die Mortadella wurde zu Beginn des 17. Jahrhunderts in Bologna erfunden. Ihr Name stammt ursprünglich daher, dass sie in einem Mörser zerkleinert und mit Myrtenbeeren gewürzt wurde. Man nahm dazu nur reines Schweinefleisch und schmeckte es unter anderem immer mit Weißwein und Koriander ab.

Schneide die Mortadella in 166 Scheiben, jede etwa 1,5 mm dick. Nummeriere jede Scheibe und studiere sie von beiden Seiten. Sie sind niemals identisch, denn schon auf den 1,5 mm haben sich die mageren und die fetten Partien sowie die Partikel der Körner verschoben und ihre Gestalt sich leicht verändert. Mach ein Farbfoto von beiden Seiten jeder Scheibe. 332 Fotos. Das Projekt besteht darin, auf steifen weißen Kartons (mithilfe der Fotos als Erinnerungsstütze) lebensgroße Gemälde von Vorder- wie Hinterseite jeder Scheibe der besagten Mortadella anzufertigen. Man könnte annehmen, dass die beiden gegenüberliegenden Seiten zweier Scheiben, die einst vereint waren, sich nach ihrem Auseinanderfalten spiegelbildlich zueinander verhalten. Doch das ist nicht der Fall. Das Dazwischenfahren der Klinge hat sie leicht unterschiedlich werden lassen. Und der Maler muss sich entscheiden, sogar dies in Betracht zu ziehen. Die Bilder wurden zunächst in mehreren Lagen Acryl angelegt, dann mehrfach Schicht für Schicht mit Öl überarbeitet und schließlich mit mehreren Lasuren Firnis abgeschlossen. Zu jedem Bild waren fast ein Dutzend klar von einander zu unterscheidende Arbeitsgänge nötig.

Die Oberfläche der gemalten Scheibe muss stets genau auf der Ebene des Kartons erscheinen – niemals davor oder dahinter. Folglich muss die Oberfläche jedes weißen Kartons für sich grundiert werden, so dass sie die jeweilige Scheibe Mortadella völlig gleichmütig aufnimmt. Das ganze Projekt dauerte 15 Monate. Dann wurden die Bilder in der Reihenfolge der Scheiben in hölzernen Kästen abgelegt. Das Projekt ist komisch, bürokratisch und fantastisch zugleich.

Zweitens: Christoph Hänsli, sein Schöpfer. Während seines künstlerischen Schaffens hat Hänsli seine Techniken und Herangehensweisen stets nach den verschiedenen Themen ausgerichtet. Dabei war seine Wahl nie zufällig. Immer geht es um Geduld und eine Art Heimlichkeit, darum, ein bestimmtes Thema zu überraschen. Seine Arbeit verdient eine umfassende Betrachtung und wird sie ohne Zweifel auslösen; hier konzentriere ich mich auf den Hänsli, der die Mortadella geschaffen hat.

Wenn ich mir den Künstler bei der Arbeit vorstelle, sehe ich das berühmte Gemälde *Allegorie des Sehsinns* von Jusepe de Ribera vor mir (Museum Franz Mayer, Mexico City). Das Bild zeigt einen Mann mit zutiefst intelligenten Augen, der in seinen groben Arbeiterhänden ein Teleskop hält. Er steht vor einem Fenster, durch das wir in die Natur schauen – Land, Meer, Himmel und die Ausmaße des Universums. Auf dem Brett vor ihm befinden sich ein tragbarer Spiegel, eine Brille (Kneifer), um von Nahem lesen zu können, ein Brillenetui, um die Gläser beim Mitnehmen nicht zu zerkratzen sowie ein Federkiel, um sich Notizen zu machen.

Durch seine eindringliche Ruhe erinnert uns das Bild daran, dass der Sehsinn beim Menschen nicht von dem Wunsch oder der Notwendigkeit zu trennen ist, etwas genauer in Augenschein zu nehmen und zu vergleichen oder etwas aufzuspüren, das zwar sichtbar, aber doch verborgen ist.

Wenn er wollte, könnte der Mortadella-Maler zum Meisterfälscher werden. (Ein Fragonard, Delacroix oder Corot wären seine Spezialität.) Er hat extrem viel Geduld und die handwerkliche Geschicklichkeit, die damit einhergeht. Sein visueller Sinn für Tonalität erinnert an einen Sänger mit absolutem Gehör. Jeder kleine Strich klingt mit dem nächsten zusammen. Er besitzt eine phänomenale Kenntnis der Malmaterialien und -utensilien – Oberflächen, Malmittel, Pigmente, Lösungsmittel, Firnisse, Lasuren … Aber vor allem besitzt er einen Instinkt für Kongruenz – ein Frühwarnsystem, welches erkennt, was riskiert, unpassend zu sein. Und im Fortgang der Arbeit wird dieser Instinkt immer präziser.

Jedoch, er wird nicht zum Fälscher werden, denn er interessiert sich nicht für das Optische, das Handwerk oder den Markt an sich. Ihn interessiert das Geheimnis – das Geheimnis des Sichtbaren selbst. Ging es dem ersten Schauen voraus? Das Rätsel der gemalten Bilder. Kein Gemälde gibt vor, ein Konterfei zu sein! Haut, wie Velázquez sie malte, ist nicht mit den Kategorien eines Dermatologen zu fassen, sondern bezieht sich einzig auf die Art und Weise, wie Erde, Himmel, Stoff oder Zinn auch gemalt wurden.

Hänslis gemalte Mortadella-Scheiben sind alles andere als Faksimiles der ursprünglichen Wurstscheiben. Er hätte sie so lebensecht malen können, dass das Abbild unser Auge narrt, bis der Finger es anfasst. Aber das wäre eine Art Betrug gewesen, der ihn nicht interessierte. Was ihn in Bann zog, so dass er über 15 Monate Tag für Tag daran arbeitete, ist das, was aus der gemalten Mortadella wird, wenn er sie auf den weißlichen Karton setzt (wobei jede gemalte Scheibe trotzdem ihrem gemalten fleischlichen Vorbild treu bleibt). Sie ist verwandelt, unvorhersehbar verwandelt!

Drittens: die Überraschung. Das ist es, was man fühlt und sieht, wenn man die fertigen Bilder betrachtet. Die Überraschung der Verwandlung. Um dieses Moment genauer einzukreisen, möchte ich eine Passage aus Italo Calvinos bezauberndem Buch *Die unsichtbaren Städte* zitieren. Von der Stadt Andria berichtet er:

> »Die Entsprechung zwischen unserer Stadt und dem Himmel ist so perfekt«, antworteten sie, »dass jede Veränderung in Andria eine Neuerung unter den Sternen mit sich bringt.« Jedesmal, wenn in Andria etwas geändert worden ist, suchen die Astronomen den Himmel mit ihren Teleskopen ab und berichten dann von der Explosion einer Nova oder dem Farbwechsel eines fernen Punktes am Firmament von Orange zu Gelb, von der Ausbreitung eines Nebels oder der Einkrümmung einer Spirale der Milchstraße. Jede Veränderung zieht eine Kette weiterer Verände-

rungen nach sich, in Andria wie bei den Sternen: Die Stadt und der Himmel bleiben nie gleich.

Wir betrachten nun so etwas wie Himmelskörper, denn darin hat die geduldige und systematische Arbeit des Malers die Mortadella verwandelt. Der Schöpfer hat zu seinem Teleskop gegriffen. Was einst Schwein war, wurde Firmament!

Diese Verwandlung entstand dank des tagtäglichen Malprozesses bis jede Grenze, wo zwei verschiedene Substanzen sich berühren und treffen, bestimmt und unabwendbar erscheint. Deshalb unterscheidet sich die gemalte Oberfläche so sehr von der natürlichen: Sie enthält ein Gedächtnis. Wie es Hugo von Hofmannsthal forderte: »Man muss die Tiefe an der Oberfläche verstecken.« Genau das bezeichnet den Unterschied zwischen dem Rosa des Fleisches und dem gemalten Rosa, zwischen dem Weiß des Fettes und dem gemalten Weiß. Im Gemalten ist Tiefe und Erinnerung.

Darüber hinaus werden die Bilder nun als Serie gezeigt. Und das bewirkt, dass uns die 332 Seiten der 166 Scheiben die Möglichkeit geben, unseren Blick durch die normalerweise undurchsichtige Mortadella schweifen zu lassen. Und unsere Aufmerksamkeit richtet sich auf die Veränderungen zwischen den einzelnen Scheiben. Wir beobachten Prozesse des Wachsens und Schwindens, die sonst unsichtbar geblieben wären.

Wir beobachten, was zunimmt und was abnimmt, sehen eine nie zum Stillstand kommende Bewegung. Wir sind überrascht von der Unendlichkeit der möglichen Veränderungen und gleichzeitig von der Bestimmtheit und Präzision jeder tatsächlichen Variation.

So sind unsere Vorstellungskraft und unsere Fragen eingebunden in das metaphysische Rätsel jedes Ereignisses! Ein plötzlicher Knall, und wir stehen wieder vor der kleinen Mortadella!

Hier möchte ich – ohne sie weiter zu kommentieren – fünf Sätze von Spinoza zitieren:

> Zur Natur der Substanz gehört das Dasein.
>
> Alle Substanz ist notwendig unendlich.
>
> Je mehr Realität oder Sein jedes Ding hat, desto mehr Attribute kommen ihm zu.
>
> Jedes Attribut einer Substanz muss aus sich selbst begriffen werden.
>
> Gott, oder die aus unendlichen Attributen bestehende Substanz, von denen jedes eine ewige und unendliche Wesenheit ausdrückt, existiert notwendig.

Wir stehen nun unmittelbar vor der Überraschung, die uns diese Arbeit bietet. Und hinter der Überraschung stehen Humor und Witz, denn der Maler, der sich keine Mühe ersparte, ist ebenso verwandelt: Er wurde anonym! Und wir stecken zwischen der Wurst aus Bologna und den Himmelskörpern und vergessen ihn. Und er, der sich nun den Kneifer aufsetzt, bemerkt das und versteht es als Dankeschön.

2008

Marisa Camino

Die Seite jenseits der Spuren

Ich sitze in einem geparkten Auto und denke über Marisa Caminos seltsame Ausstellung nach, die etwas früher in diesem Monat im Söhrewald bei Kassel stattgefunden hat. Obwohl die Künstlerin in Spanien schon seit fünfzehn Jahren arbeitet, vor allem in Galizien, sind ihre Ausstellungen rar. Und tatsächlich rahmt sie nur ganz selten etwas von ihr Gezeichnetes oder Gemaltes.

Diese Zurückhaltung hängt, stelle ich mir vor, nicht mit ihrer persönlichen Bescheidenheit zusammen, sondern speist sich aus einem seltenen Selbstvertrauen und ist ein wesentlicher Teil ihrer künstlerischen Strategie. Sie könnte ihre Bilder ohne eine solche Zurückhaltung gar nicht schaffen. Als ich das denke, löst sich ein einzelnes Blütenblatt aus der Blütenkerze der Rosskastanie, wird von einer sanften Brise erfasst und auf die Windschutzscheibe geweht, wo es festklebt. Ich starre es an.

Caminos Zeichnungen und Gemälde haben mehr mit diesem Blütenblatt gemeinsam als mit all den auf der Biennale in Venedig ausgestellten Arbeiten. Ihre Werke vermitteln den Eindruck, sie kämen von irgendwo her, anstatt nur fabriziert zu sein, um ausgestellt zu werden. In ihren Bildern hallt nichts von den Eitelkeiten nach, die momentan mit den Vorstellungen von künstlerischer Kreativität einhergehen – seien sie modern oder postmodern. Ihre Arbeiten fordern nichts für sich, sondern alles für das, was sie gestreift haben, für alles, was man durch sie hindurch geschaut hat.

Gleichzeitig sind sie weder naiv noch vereinfachend.

Jede Zeichnung (ihre Größe variiert von zwei Metern bis zu zwanzig Zentimetern) wurde geduldig erarbeitet, korrigiert, radiert, es wurde darüber gezögert, sie wieder durchgearbeitet. Die Künstlerin zitierte den chinesischen Meister Shitao: »Für mich sind die Berge das Meer und das Meer die Berge, und die Berge und das Meer wissen, dass ich das weiß.« Man kann nicht zugleich mit internationalen Kunst-Jurys und mit Bergen sprechen. Man muss sich entscheiden. Und Camino hat sich offensichtlich entschieden.

Was hat ihre Arbeiten gestreift? Was stellen sie dar? Die meisten tragen keine Titel. Auf einer kleinen Zeichnung steht: »Ich bin ein Fisch, Vogel, Mensch zwischen Sonne und Mond.« Sie zeigen kein einzelnes Ding.

Sie sind unregelmäßig, und das im wahren Sinn des Wortes. Was ihnen gelingt ist, bildhaft zu zeigen, wie Dinge in der Natur den sie bedrohenden Kräften trotzen – und überleben. Indem sie das demonstrieren, stoßen sie darauf, was das Überleben eines Berges mit dem Überleben eines Samens oder einer Zunge im Mund gemeinsam haben könnte. Betrachtet man diese Zeichnungen, erinnert man sich allmählich daran, dass das Überleben weniger von einem großartigen Plan als von einer List abhängt. Eine Gerissenheit, die Wendigkeit erfordert – wie bei einem Kartenzinker oder einem Fuchs. Ihre Arbeiten handeln von einer Verschmitztheit, die so langsam (oder so augenblicklich) sein kann wie die Doppelhelix der DNA. Sie handeln zum Beispiel von der List, mit der ein Einsiedlerkrebs überlebt.

Auf jeder Zeichnung begegnen sich verschiedene Arten zu überleben, und diese vergleichen die Anwendbarkeit ihrer Strategien. Ein Berg spricht mit einer Feder über Ausdauer und den Umgang mit Winden. Und umgekehrt. Eine Krabbe befragt einen Baum über Äste und die Erfahrung, beweglich zu sein. Ein Stein hält einen Schädel an, und sie diskutieren über Risse. Ein Tier wurde vom Klimawandel an den Rand gedrängt und nimmt Hügel bei sich auf, die von der gleichen Klimaveränderung erodiert werden.

Die auf diesen Zeichnungen dargestellten »Konversationen« sind, Gott sei Dank, ohne Symbolismus oder surrealistische Untertöne: Sie entstehen einfach aus den sich verwebenden, sich überlappenden und gegeneinander gestellten Fährten, die die Künstlerin mittels ihres Tastsinns entdeckt – und durch ihre offene Wachheit für die ruhelosen und verborgenen Parallelen in den Erscheinungen der Natur. Ihre Arbeiten beginnen nicht mit einem Gedanken, sondern mit einer Berührung. Oft verwendet sie Papier, das sie selbst aus Stroh hergestellt hat. In diesem Papier finden sich bereits Spuren. Die Art, wie sie ein Stück Papier herausreißt und auf ein anderes klebt, wird zu einer weiteren Fährte. Zu ihnen gesellen sich Striche aus Ölfarbe oder Pigment, eingeriebenes Graphit, Zeichenkohle, Schwarztöne, Bleistiftstriche und, gelegentlich, wirkliche Federn oder Pflanzenfasern.

Was aber mysteriös bleibt und ich überhaupt nicht verstehe, ist die Tatsache, dass diese Bilder nicht im Geringsten absichtlich wirken. Im Gegenteil, sie beharren auf einer Genauigkeit, die so nachvollziehbar wirkt wie auf botanischen oder astronomischen Stichen. Doch eine Genauigkeit im Angesicht von was?

Es ist, als ob die Künstlerin in einem symbiotischen Prozess ihre Finger – mit all der Präzision, zu der menschliche Glieder fähig sind – den von ihr entdeckten fossilen Spuren überlässt und dann das in der Versteinerung fixierte und erstarrte Leben – und hier kommt die Genauigkeit hinzu – reanimiert. Ihre Berührung, die nun nicht mehr ihre eigene ist, markiert die Grenzen des Lebens, das sie darstellt. Mit jeder Zeichnung wird sie nicht die Autorin, sondern die Atemspur von etwas, das einmal existierte.

Viele Künstler, und am tiefgründigsten Joseph Beuys, sind von Spuren und ihrer Beredsamkeit fasziniert. Was Marisa Caminos Arbeiten so außergewöhnlich macht, ist die vollständige Treue zu dem, was jenseits der Spuren auf der anderen Seite liegt, und ihre heftige Weigerung, damit auf unserer Seite in irgendeiner Form zu werben. Oder anders ausgedrückt, außergewöhnlich ist ihre Reinheit. Und folglich bestätigt ihr gesamtes Werk mit Nachdruck, was Jorge Luis Borges in seinem Vers andeutete:

> Nur eines gibt es nicht: Vergessenheit.
> *Sólo una cosa no hay. Es el olvido.*

2001

Martin Noël

Sich Verzweigen

Jede wirkliche Kunst nähert sich etwas, das beredt ist, das wir aber doch nicht ganz verstehen. Beredt, denn es rührt an etwas Grundsätzlichem. Woher wir das wissen? Wir wissen es nicht. Wir erkennen es bloß wieder.

Die Kunst kann uns nicht helfen, das Geheimnis zu *erklären*. Aber sie macht uns dafür aufmerksamer. Kunst deckt das Geheimnis auf. Aber wenn wir es bemerken und entdecken, wird es nur noch geheimnisvoller.

Mir kommt der Verdacht, dass über Kunst zu schreiben eitel und nichtig ist und einen nur zu Sätzen führt wie diesen. Wenn man sich der Kunst mit Worten nähert, verlieren beide an Präzision. Eine Sackgasse.

Versuche, auf einem anderen Weg weiterzukommen. Ich ahne, wo das Geheimnis, dem sich die Kunst von Martin Noël nähert, liegen könnte. Vergiss, worum es sich handelt, kümmere dich bloß um seinen ungefähren Aufenthalt. (Das letzte Wort erinnert mich daran, wie gern er auf Postkarten malt und auf Landkarten zeichnet! Seine Striche führen einen immer woandershin; darin sind sie das Gegenteil von geometrischen Linien, die alles zusammenbinden, was theoretisch existiert.)

Versuche, dich dem Geheimnis von Martin Noëls Werk zu nähern und es im richtigen Bezirk des Wissens zu platzieren. Denn es liegt zum Beispiel nicht auf dem Kontinent der Metaphysik, wo man einen Rothko ansiedeln könnte. Noch liegt es im Reich der Psychologie, wo Balthus wohnt oder – auf ganz andere Weise – auch Warhol.

Martin Noëls Geheimnis liegt auf dem Kontinent des Körpers, in einem sinnlichen, ja fast anatomischen Sinn. Ich würde vermuten, dass er Leonardo bewundert, der neben seinen eigenen Untersuchungen des Körperbaus von den *Prophezeiungen* fasziniert war, die die Anatomie enthielt.

Doch wenn ich behaupte, dass Martin Noëls Geheimnis irgendwo auf dem Kontinent des Körpers zu finden ist, ist das kein kunstgeschichtlicher Schluss, sondern eine Folgerung aus dem, was auf seinen Bildern und Holzschnitten, seien sie so klein wie eine Postkarte oder sehr viel größer, unmittelbar ins Auge fällt. Es hängt mit der Art zusammen, wie er zeichnet.

Jeder seiner Striche ist gespannt, als treffe er auf einen Widerstand, als suche er einen Durchstich, als würde er mit einer Reibung kämpfen oder er sich einer Notwendigkeit gegenüber finden, ohne die die körperliche Welt nicht existiert.

Seine Zeichenkunst sucht nach dem Gegenstück zum Virtuellen, oder einfacher, nach dem Gegensatz zum allzu Glatten. Wenn man seine in Farbe ausgeführten Zeichnungen anschaut, hat man oft den Eindruck, ein Portrait zu betrachten – das heißt die Wiedergabe einer einzigartigen, einmaligen körperlichen Gegenwart. Die Tatsache, dass er seinen Bildern Namen (und keine Titel) gibt, scheint das noch zu unterstreichen. Doch in Wirklichkeit ist hier kein einziger Körper anwesend! Jedenfalls nicht nach dem Maßstab, in dem wir etwas wiedererkennen.

Warum besitzen dieses Gekritzel, diese Schnitte

und Kerben die Autorität einer körperlichen Präsenz? Was gibt ihnen hier im Reich des Körpers ihr Gewicht?

Das lässt sich nicht durch Ähnlichkeiten oder irgendeine Theorie der Repräsentanz erklären. Sicher gibt es Linienknäuel, die an Blumen erinnern, an einen Stängel, einen Baum, an das Glied eines Körpers oder einen Gesichtszug. Doch können diese ungefähren Übereinstimmungen nicht der Grund solcher Bestimmtheit sein.

Vielleicht gibt uns das Wort *Artikulation* einen Hinweis. Etymologisch hat es die gleiche Herkunft wie das Wort »art«, Kunst. Seine Wurzel »ar« bedeutet etwas zusammenfügen, zusammensetzen, anpassen. (Auf Lateinisch heißt »artus« Glied, auf Griechisch »arsis« hochheben.) *Artikulation* bezieht sich zunächst einmal auf ein anatomisches Gelenk und erst dann auf das Aussprechen von Worten oder die Bildung sprachlicher Zeichen. Artikulation meint beides, etwas zusammenfügen und die Richtung ändern.

Betrachte die Zeichnung noch einmal genau. Stammt ihre Bestimmtheit nicht von der Genauigkeit, mit der sie die Energie (und natürlich auch die Schwierigkeit) einer unablässigen Artikulation verzeichnet?

Die Artikulation eines Baumes zeigt beides, die Geschichte und die Zukunft seines Wachsens – sein Sich-Verzweigen, sein Wurzeln, sein Sich-Anpassen und seine Suche nach Licht und Wasser. Die Tatsache, dass Holz das erste und liebste Material von Martin Noël ist, mag dafür bezeichnend sein.

Die sichtbare Maserung in einem Stück aufgesägten Holz ist durch die Spuren entstanden, die das Wachstum und die Artikulation des Baumes hinterlassen haben. Vor dem Hintergrund dieses Gewesenen zeichnet Martin Noël etwas Neues, das aber zu der gleichen Ordnung des Sich-Verzweigens gehört.

Viele Jahre lang schlief ich in den Bergen in einem Zimmer, dessen Wände wie Decke aus Kiefernbrettern bestanden. Nachts beim Einschlafen und morgens beim Aufwachen ist mein Blick träge dem Auf und Ab der Mäander der Maserung gefolgt, und ich hatte den Eindruck, dass sie alle in dem Körper neben mir und in meinem ihr Echo fanden. Als handele es sich um ein ähnliches Fließen an Verbindungen.

Wenn man sich auf die Hervorbringung von Sprache bezieht, wird Artikulation heute weit anatomischer verstanden als zur Zeit Leonardos; wenn die Astknoten eines Baumes in etwa Kniegelenken gleichen, kann man da nicht vielleicht sagen, dass das Nervensystem aus Neuronen, die über die Synapsen miteinander im Austausch stehen (im Griechischen bedeutet »neûron« Sehne oder Band), der Sprache gleicht? Genauso wie der DNA-Code?

Auf dem Kontinent des Körpers werden ständig Botschaften und Empfindungen artikuliert, um trotz der Hindernisse den Richtungssinn aufrechtzuerhalten. Würde er fehlen, könnte sich kein Leben entwickeln. Solch ein Orientierungssinn (des Überlebens) impliziert eine Art von Erinnerung. Pflanzen, das wissen wir, können empfinden. Und vielleicht besitzt das Wasser ein Gedächtnis.

Martin Noëls Kunst ist einem Bereich sehr nahe, in dem die Natur selbst, so könnte man sagen, zu *zeichnen* scheint. Zeichnen, denn alles Lebendige hat die Fähigkeit, entweder zu steuern oder gezogen, gesteuert zu werden. Sein Zeichnen kommt einem solchen Steuern nahe. Der Rest ist Geheimnis.

2003

Randa Mdah

Die Zeit eines Liedes

Liebe Randa,
ich betrachte die Fotografien Deiner letzten Skulpturen, die genauso erstaunlich und eindrücklich sind wie jene, die ich vor zwei Jahren in Ramallah in Lebensgröße gesehen habe. Ich stelle mir vor, dass die neuen im Dorf Madschal Schams ebenso groß sind: Dein Dorf, das, nachdem die Israelis die Stadt Qunayta ausradiert haben, fast zum Zentrum der Golanhöhen geworden ist.

Ich wiederhole diese Tatsache, die Dein Leben Tag und Nacht bestimmt, nur, weil die neuen lebensgroßen Figuren mit ihren Händen, Knien, Füßen, Gesichtern so viel über diese Beraubung – und um das handelt es sich zuallererst – aussagen: Sie verkörpern die Leben derer, denen man den Ort gestohlen, die Adresse genommen und die man dem Nirgendwo überantwortet hat. Das einzige Zuhause, das ihnen geblieben ist, sind ihre Körper, und die einzigen Straßen, die ihnen noch gehören, sind ihre eigenen Glieder.

Du nennst die neue Figurengruppe *Ohne Ankündigung*, und ich nehme an, dass sich der Titel teilweise auf den Raub des Ortes und die Vernichtung der Heimat bezieht. Skulpturen in Erwartung eines Bodens, auf dem sie gehen, stehen, liegen könnten. Und doch wirken sie ruhiger als Deine vorherigen Arbeiten, und diese Ruhe lässt einen ihre Tragik noch weniger vergessen.

Woher stammt diese Ruhe? Nicht aus der Resignation. Der Zorn gegen die Ungerechtigkeit, die ihr Leiden hervorruft, ist so gegenwärtig wie immer. Genauso wenig ist die Ruhe das Ergebnis von Müdigkeit; es ist eine Ruhe, die von einer aufgestauten Energie geladen ist, einer Form von Ausdauer. Doch woher kommt diese Ausdauer?

Neulich sah ich in einem Pariser Theater drei Tänzer und drei Schauspieler in einer Aufführung, die ebenso von der Not und dem Kampf des palästinensischen Volkes handelte. Der Saal war bis auf den letzten Platz ausverkauft, und die Vorstellung überzeugte. Das Stück hieß *Le Tangible*. Das Publikum verließ das Theater sichtlich bewegt. Trotzdem hält die israelische Besetzung der West Bank und die Annexion von Ost-Jerusalem an und wird weiterhin unangefochten bleiben. Jeden Abend führt die Compagnie das Stück mit der gleichen Energie auf. Woher kommt diese Ausdauer nur?

Bevor wir versuchen, eine Antwort auf diese Frage zu finden, hier eine Handvoll Bemerkungen über die unterschiedliche Taktik von Kunst und Politik, wenn beide auf das Gleiche zielen. In jeder politischen Auseinandersetzung operiert die Kunst eher verdeckt als offen. Der Druck, den die Kunst erzeugen kann, und die Unterstützung, die sie bietet, sind anderer Natur als die durch eine direkte politische Handlung entstandene. Das Ziel von direkt politischen Handlungen ist präziser formuliert – wie auch die Risiken, die mit ihnen einhergehen. Das ist der Grund, warum ein Künstler so selten den politischen Erfolg seiner Tätigkeit melden oder feiern kann.

Falls die politische Auseinandersetzung unmittelbar darauf zielt, etwas zu verändern oder etwas Neues einzuführen, operiert die den Kampf unterstützende Kunst ein gutes Stück weit hinter den Linien. Ist jedoch das direkte politische Ziel Widerstand, rückt die Kunst nach vorn und ist weit näher an der Front.

Diese Beobachtungen helfen uns vielleicht zu verstehen, warum Künstler – wenn sie mehr sind als bloße Hervorbringungen des Kunstmarktes, wovon es heute so viele gibt – sich eine bestimmte Geduld zulegen müssen, wenn es um unmittelbare Ergebnisse geht. Doch auch dies erklärt nicht völlig die Ausdauer, nach der ich frage.

Kunstwerke bewohnen und bieten uns eine Erfahrung der Zeit, die sich von dem Erleben der meisten Tagesereignisse unterscheidet. Vor oder in einem Kunstwerk betreten wir eine andere Gestalt der Zeit. Ich nenne sie die »Zeit eines Liedes«, obwohl sie sich genauso auf visuelle, stille Kunstwerke beziehen lässt.

Die Dauer eines Liedes schiebt sich als Zwischenraum in die fortlaufende tägliche Zeit, und beide, Sänger und Zuhörer, betreten dieses Dazwischen, wo nichts erwartet wird und nichts mehr nötig ist, als dass man sich dieses Lied teilt. Und dieses Lied ist gleichzeitig Vorschlag wie Ergebnis, Bitte wie Antwort, Schmerz wie Trost. Deine Skulpturen existieren in dieser Dauer, der Zeit eines Liedes.

Unnütz zu bemerken, dass dadurch die Skulpturen als Figuren nicht vertrauter erscheinen, noch erscheint ihr Leiden weniger grausam. Die beiden stehenden Frauen teilen sich immer noch einen Torso, drei Hände, zwei Beine und drei Füße. Und doch bewahren sie ihre Würde.

Für die Zeit eines Liedes sind Dein Protest, ihre Würde und die Anerkennung ihres Elends nicht länger ein vorübergehender Nebeneffekt, sondern sie sind errungen und in der gemeinsamen menschlichen Aufmerksamkeit verkörpert. Ihre Geschichte ist zugleich unabgeschlossen wie vollkommen. Nur in der Zeit eines Liedes kann das geschehen.

Stellen wir uns alle Ereignisse vor, die zum Elend der beiden stehenden Frauen geführt haben – eine Not, die so sicher existiert wie die beiden (und die es auch in Zukunft geben wird), die aber völlig versteckt und mit Schweigen übergangen wird; ja, man gewöhnt sich daran. Wäre das so, stünden wir dem Triumph – oder mindestens dem vorläufigen Sieg (denn niemand kann der Geschichte die Zunge herausreißen) – der Sinnlosigkeit gegenüber.

Deine Skulpturen konnten in keiner Weise die Bedingungen, unter denen die Frauen und Männer leben, verändern. Was Du gemacht hast, ist – im genauen Wortsinn – ohne Folge, folgenlos. Doch müssen sich weder Du noch Deine Modelle dem Triumph der Sinnlosigkeit beugen.

Denn für die Zeit eines Liedes existiert die Gerechtigkeit wieder, die Würde wird anerkannt und der Mut geehrt. Die Dauer eines Liedes schafft einen Zwischenraum, der der Gegenwart, der Vergangenheit und der Zukunft gehört. Und aus dieser Aufmerksamkeit kommt die Ausdauer.

Wie Mahmud Darwisch in seinem Gedicht »Wandgemälde« schrieb:

> Ich sage nicht: Das Leben fernab, an einem imaginären Ort, sei wirklich.
> Ich sage: Hier ist es möglich zu leben.

Die Ausdauer, die Künstler wie Du entdeckten – inspiriert durch die Zeit eines Liedes, wie ich es nenne –, besitzt vielleicht eine bestimmte Relevanz für das heutige politische Tun.

In einer globalisierten Welt, die von der Marktmacht des Finanzkapitalismus beherrscht wird – mit seinen manipulierten Massenmedien, der Versklavung durch Kredite und der Schimäre des Konsums –, sind die althergebrachten Parteien und Allianzen der politischen Opposition nicht mehr länger glaubwürdig. Ihre Programme sind obsolet geworden und ihre politischen Perspektiven sind abgeschnitten. Manipulatoren haben den so entstandenen leeren Raum übernommen und bevormunden die Menschen so, dass sie sich darin fügen, bloße Gefangene des unmittelbaren Jetzt zu sein. Paranoia ist an die Stelle einer gemeinsamen kreativen Antwort gerückt. Man lebt nur noch von einem Augenblick zum nächsten.

Die neuen politischen Formen von Widerstand und Opposition sind und werden vielfältig sein – spontan, regional, global. Aber was ihnen allen gemeinsam ist, ist der oberste ethische Grundsatz: Wenn man angesichts dessen, was der Welt angetan wird, tatenlos bleibt, negiert man seine eigene Humanität und kündigt sein Verbundensein mit den Toten, den Lebendigen und den Ungeborenen auf. Natürlich gibt es Niederlagen. Es gibt keine endgültigen Siege. Kampf ist wesentlich. Und doch ist der Sieg schon in den gemeinsamen Aktionen der Opposition gegenwärtig. Und so könnte man sagen, dass das Andauern des Kampfes bedeutet, dass man der Zeit eines Liedes folgt, während man gleichzeitig Entscheidungen fällt und sein Leben führt. Danke für die Fotos.

John

2011

2

Auf Gigha

Für Jaume Plensa

> *»Skulpturen, jedenfalls meine, sind eher versteinerte Fußabdrücke als frische Spuren …«*
> Jaume Plensa

Es kann kein Zweifel darüber bestehen, dass die Lebenden die Toten verdrängen. Dort, wo die Bevölkerungsdichte der Lebenden zunimmt, ziehen die Toten sich zurück und sammeln sich in dünn besiedelten Gegenden.

Oft sind diese Landstriche dürr und ärmlich, sie würden Lebende nicht ernähren. Wüsten oder Polargebiete sind dafür die extremsten Beispiele. Vielleicht weiß keiner mehr über die Toten als Beduinen oder Eskimos.

Viele dieser kargen Landschaften sind selbst Nomaden. Sie überreden uns zu einem nicht sesshaften Leben, ja sie drängen es uns geradezu auf. Durchstreift man bestimmte Länder, wird jeder Jäger oder Hirte erklären, dass die Wege einem entgegenkommen. Man durchquert solch eine Landschaft nicht schnurstracks wie auf einem Gleis, sondern folgt den Pfaden – oder sie folgen einem. Und das ist die zweite Art, wie gewisse Landschaften zu Nomaden werden. Sie gehen weiter und weiter. Es gibt Hindernisse, aber keine letzten Grenzen.

Der Westen der schottischen Highlands ist solch eine Gegend. Alles darin ist Vorübergehen, denn es gibt keinen Halt. Die Hütten der Kleinpächter kauern sich nieder wie Tiere, die sich auf dem Boden in ihr Nachtlager drücken. Es gibt Lagerplätze, aber keine Siedlungen. Alles bewegt sich fort, die Lärchen, das Farnkraut, die Kiefern, die Heide, die Wacholderbüsche, das magere Gras. Und das Wasser strömt bis ins Land: Die Flüsse laufen dem Meer entgegen, dessen Gezeiten bis in die Seen steigen. Und über beidem, Wasser und Land, der Wind, über allem ein Wind aus Nordwest. Manchmal bringt dieser Wind Wildgänse mit. Im Vorüberfliegen ist ihr Ruf eine Hochwassermarke, die die Bewegung des Landes misst – Koordinate einer anderen Algebra.

Diese Bewegung setzt sich über Grenzen genauso hinweg wie die kriegerischen Horden, die einst hier lebten; diese Bewegung vermischt alles und wirft es drunter und drüber. Deshalb kann man hier von Farnhügeln aus Heringe angeln. Und deshalb scheint es an manchen Tagen, als ob am Himmel mehr Fleisch sei – er wirkt gastlicher als das Land.

Erst in den frühesten Siedlungen begann man, die Zeit zu messen; hier steht sie wie eine Küste zwischen Himmel und Land. Und wie der Strand nach Algen, riecht diese Küste nach ungezählter Zeit.

Wer die Highlands Richtung Westen durchquert, kommt zu den Hebriden. Gleich unter den ersten Inseln findet sich eine kleine, nicht länger als sechs Meilen, die Gigha heißt. Man sagt, dass Gigha »von den Göttern« bedeutet.

Die Strömungen rund um die Insel sind heimtückisch. Vor 500 Jahren bauten die Bewohner in der Nähe des südlichen Kaps eine Kapelle. Sie hatte 300 Jahre Bestand, bevor sie zerfiel. Um die Kapelle hatte man einen Friedhof angelegt, die dort bestatteten Toten ruhen noch heute hier in der Erde.

Die Grabsteine verzeichnen die Todesfälle mehrerer Generationen, die Namen, das Jahr, in der sie oder er geboren wurde, den Todestag und den Ort, wenn der Tod sie woanders als auf der Insel ereilte. Die einzige Todesart, die festgehalten wurde, lautet Ertrinken auf See. (Andere Ursachen wurden übergangen.)

Ein Name und zwei Daten, das zweite auf den Tag genau. Das ist festgehalten. Aber darüber, was dazwischen geschah – außer der nackten Tatsache, überlebt zu haben –, wird kein Wort verloren. Denn selbst für das kürzeste Leben wäre der denkbar größte Stein zu klein; selbst die größte Wand eines Steinbruchs wäre zu schmal, das Leben eines Einjährigen zu fassen.

Warum dann der Name und die beiden Daten? Nach ein, zwei Jahrhunderten löschen Salz, Wind, Regen und Sturm auch tief eingegrabene Buchstaben. Diese Frage stellt sich aber auf jedem Friedhof, auf dem Namen verzeichnet sind, nur fällt hier die Antwort leichter. Denn die Inschriften sind nicht für die Lebenden gedacht. (Die sich erinnern, bedürfen keiner Gedächtnisstütze.) Die Inschriften sind Namensbezeugungen, die sich an die Toten richten, denen sich der Betrauerte nun hinzugesellt.

Diese Inschriften sind Empfehlungsschreiben. In die Ohren des Regens flüstern die in Stein geschnittenen Buchstaben, in die Augen des Windes formen sie Zeichen. Das ist keine Poetisierung, das ist ein bloßer Bericht darüber, was auf der Insel vorfällt.

Von Gigha aus blickt man über Meerengen, auf die See, in den Himmel über dem Meer oder, zur anderen Seite hin, auf die Farnhügel, die zu ihrem nächsten Zug gen Osten aufbrechen. Die nur spärlich besiedelte Küste des Festlandes hat die Form einer Brücke für die Geburt, die da draußen stattfindet, sie scheint eine Gebärmutter zu sein, die auf den westlichen Horizont zuläuft. Und zu diesem Geburtsort sind die Toten unterwegs. Auf dem Friedhof sind sie nur in Hörweite.

Aber wir wussten nicht, wie wir mit ihnen sprechen sollten. Und so brauchten wir die behauenen Steine als Mittler, die uns mit den Namen derer bekannt machten, die vor uns gegangen sind. So mussten die Toten ihnen keine neuen Namen leihen, und wir fühlten uns wieder ein wenig sicherer.

1997

Farben, sich selber treu

Für Martin Noël

Sie hieß Broad Street Line, jene kleine elektrische Vorortbahn, die zwischen der Stadtmitte Londons und Kew Gardens verkehrte. Viele Blumenliebhaber und Gärtner bestiegen den Zug, um dort die botanischen Anlagen zu besichtigen, die im 19. Jahrhundert zum Studium all der exotischen Fauna aus den entferntesten Winkeln des Britischen Empire angelegt worden sind. In den Fünfzigern des letzten Jahrhunderts fuhr ich mit dieser Bahn mehrmals die Woche zu einem College in Richmond, wo ich als Teilzeitlehrer Malerei unterrichtete. An einer bestimmten Stelle umfuhr die Broad Street Line den riesigen zentralen Rangierbahnhof von Willesden. Hier lief der gesamte Schienenverkehr aus und nach Nordengland und Schottland zusammen, Waggons wurden neu geordnet und zu Zügen aneinandergekoppelt. Das gesamte Rollmaterial an Personenwagen erster und zweiter Klasse, Waggons für Güter, Waren, Kohle – alles unterwegs zwischen Leighton Buzzard, Crewe, Preston, Carlisle, Glasgow und London. Auf jeder Fahrt in der kleinen Bahn passte ich den Augenblick ab, da wir uns dem Eisenbahnknotenpunkt näherten und mit Blick auf die Gleise hielten. Gebannt saß ich am Fenster. Ich habe Menschen sagen hören, sie hätten sich beim Blick durch ein Teleskop in den Nachthimmel zum ersten Mal klein und winzig gefühlt. Für mich war es der Blick über Willesden Junction. Frühmorgens, im Zwielicht, bei Regen, im Dunkeln, verschneit, in der Sommerhitze, Tag für Tag. Fünf Jahre zuvor hatte man die britischen

Eisenbahnlinien zusammengelegt. London Midland und Scottish Railway, denen dieses Gleisfeld gehört hatte und die das ständig wachsende, zufällig wuchernde Chaos überblicken mussten, waren nun Teil der British Rail, von der man behauptete, sie gehöre allen Briten. Als Folge der Zusammenlegung hatte sich das Fassungsvermögen der neuen Schüttwagen verdoppelt. Der Niedergang der Nachkriegszeit zeigte durchaus Größe.

Eines Morgens nahm ich die kleine Bahn und stieg bei Willesden aus. Ich entdeckte Atlas Road, Common Lane und das North Pole Depot. Und begann, den Rangierbahnhof zu zeichnen. Das tat ich wieder und wieder – so wie jemand Abend für Abend dieselbe Frau zeichnet, die mit geneigtem Kopf unter derselben Lampe näht. Manchmal zeichnete ich die Gleise, als wären sie Bathseba. Manchmal wie eine Kreuzabnahme. Ich übertreibe? Ja und nein, denn der ganze Ort war eine Übertreibung. Man kuppelte einen Waggon an den andern und an den andern. Führte die Wagen zweier Züge zusammen. Löste einen Zug in fünfzig einzelne Güterwaggons auf. Ein Werk aus Präzision und Übertreibung – bei Tag und Nacht, bei Sonnenlicht und unter Bogenlampen. Präzision und Übertreibung.

Die Zeichnungen sollten als Vorlagen zu Radierungen dienen. Ich erinnere mich noch, wie ich einige zusammen mit Pru abzog – und ein-, zweimal hatte sie mich nach Willesden begleitet. Wir folgten der Hythe Road und gelangten irgendwie zu der fast verlassenen Schneise des Permanent Way. Über Kupfer Linien zu zeichnen, die dann Säure einätzte, hatte einiges mit Gleisen gemeinsam. Pru entdeckte ein Paar Arbeitshandschuhe, die ein Streckenarbeiter verloren hatte, und hob sie auf.

Lachend probierte sie sie an. Die Handschuhe waren riesig und ihre Handgelenke so schmal wie ihre Beine dünn. Sie war die begabteste Malerin ihrer Generation. In ihr steckte eine sowjetische Konstruktivistin. In den 90ern starb sie. Nun hilft sie mir, mich zu erinnern, wie sie mir einmal, meine Wange auf ihrer Schulter, meine Nase in ihrer Achsel, Vergessen beibrachte. Wir steckten die Handschuhe gut sichtbar auf den Schalthebel einer Weiche. Nie konnte ich eine mit Druckerschwärze beschmierte Platte für eine Radierung so sauber wischen wie Pru mit der bloßen Hand.

Und die Radierungen weckten den Drang zu malen. Zu jener Zeit war mein Atelier die Dienstmädchenkammer im obersten Stock des Hauses von Dr. Winnicott, der heute für seine tiefreichenden Einsichten in die Psychologie der Kinder weltberühmt ist. Oft wird er unten im Wohnzimmer auf allen vieren mit einem Kind gespielt und es beobachtet haben, während ich oben mit Willesden beschäftigt war. An vier von fünf Tagen schien es hoffnungslos, das Leben war einfach zu mächtig, trösteten wir uns am Fuße der Treppe. Die Schärfe der Farben. Die Tiefe des Schreckens. Aber am nächsten Morgen würde uns das gleiche Kind, die gleiche Leinwand zuflüstern, mach weiter! Auf meinen Bildern von dem Gleisfeld war es Sommer, es dämmerte fast, ein paar Minuten, und die Bogenlampen sprängen an. Die Linien kreuzten und trennten sich, zogen sich zurück; die Farben glichen faserigen, frisch geschnittenen Rhabarberstängeln, die Seite an Seite dem Horizont zustrebten, wo sie verschmolzen.

Einige der Bilder wurden verkauft, andere schenkte ich Leuten, die ich mochte. Keines blieb übrig. Aber heute gäbe ich viel, wenn ich eines wiedersehen könnte. Eine kleine Leinwand, 60 cm breit, 50 cm hoch. Nach dem wochenlangen Ringen mit ambitionierteren Formaten, kam das Bild wie von selbst, und spät am Nachmittag sprach ich das Dankgebet aller Maler. Und erkannte *es*. Das war im Jahr 1953, und ich war 27 Jahre alt.

Die Farbe wirbelte auf den Horizont zu. Wie Narben liefen Striemen aus verdämmerndem Licht über die Schultern des Gleisfeldes. Um Mängel aufzuspüren, schlägt ein unsichtbarer Bremser gegen die Waggonräder. Alles ist angestoßen, alles wird geprüft, alles wird die Nacht und den nächsten Arbeitstag überstehen, der sich im Osten hinter dem Grand Union Canal erhebt. Amen. Rost, auf der Zunge der Geschmack von Stahl, ein Stoß löst die Feststellbremse, das Geräusch stampfender Stiefel auf dem harten Schotter zwischen den Schienen, die grünen Augen einer Frau in einer fernen Stadt zwischen frischen Laken, ja, Glasgow. Diese kleine Leinwand war bis in die Pigmente politisch. Damals bemerkte das niemand, am allerwenigsten ich.

Für Politik stand die Eisenbahngewerkschaft. Die NUR, National Union of Railwaymen. Illusionslos, aber stolz und mächtig führten die drei Buchstaben wie Gleise zum Horizont. Die Schleifen, die Geraden, die Neigung und das Gefälle, die dreifach kontrollierten Signale, die Schuppen, die Drehscheiben mit den wiederkehrenden Handgriffen, Vorschriften, Befehlen – alle paar Minuten nickt man dem Himmel zu, damit er das Vertrauen, das die Geschichte uns zumisst, anerkennt: das Vertrauen, dass die Hunderten von hier Woche für Woche, sieben Werktage lang zusammengestellten Züge sicher und pünktlich abfahren und dass sie trotz all dem Mist, den sie transportieren, und all dem unvermeidlichen menschlichen Zweifel, den sie mit sich tragen, der Zukunft hinter dem Horizont etwas geben, was – und ich würde es nicht mehr erleben – das Gleisfeld und die Welt ringsum etwas gerechter macht.

Erst heute Nacht, da das kleine Bild unauffindbar ist, merke ich, dass jedes Pigment politisch war. Neapelgelb, ein halbes Dutzend Töne, die vorgaben, schwarz zu sein, und es listigerweise nie waren, rosa, ja rosa, gebranntes Umbra, rohes Siena, das blasse Coelinblau einer Gasflamme, ein Grau, wie der Daumen eines Streckenarbeiters am Ende seiner Schicht, eine Rotzspur Titanweiß, eine Ader Rot. Farben, die niemand hintergeht, Farben, beharrlich sich selber treu.

2004

Die vertikale Linie

Myahko styelit da zhostko spat'.

Du machst dir ein weiches Bett, sagte die russische Großmutter, und wenn du darin liegst, ist es hart.

Wo bist du?

In einer senkrechten Bahnlinie, wir sind 30 Meter unter London, in der aufgegebenen Underground-Station Aldwych.

Bush House und der BBC sind direkt über uns.

Wo bist du?

Horizontal gesehen sind wir genau 671 Meter von Holborn-Station entfernt.

Du kannst dahin laufen, wenn du magst.

Wo bist du jetzt?

Wir machen eine vertikale Reise durch die Zeit.

Wenn du genau hinhörst, haben wir gerade das Mittelalter hinter uns gelassen.

Der Gesang ist korsisch – sie sagen, manche der Akkorde sind älter als das Christentum.

Jetzt hörst du nur noch Tiere. Wir sind in Ägypten angekommen, zu der Zeit, als man die Evangelien des Neuen Testaments niederschrieb.

Oh, mein Geliebter
Wie süß
Zu kommen
Und im Teich vor deinen Augen
Zu baden
Dir mein nasses Leinengewand
Zu zeigen
Wie es sich an meinen Leib
Schmiegt, sich mit ihm vermählt
Komm, schau!

Dieses Liebesgedicht wurde 1000 v. Chr. geschrieben.

... Wir sind schon tief unten, vielleicht ist das ein guter Augenblick, um hinaufzuschauen.

Wir sind schon lange unterwegs.

Aus guten Gründen sagt man hier »Hallo« statt »Guten Abend« oder »Guten Morgen«.

Der französische Höhlenforscher Michel Siffre verbrachte zwei Monate ganz allein und ohne Uhr unter Tage. Als er erschöpft wieder auftauchte, dachte er, es sei nur ein Monat vergangen.

Der italienische Philosoph Giambattista Vico glaubte, dass das Wort *humanitas* – die Humanität, das Humane – sich von dem Verb *humare*, graben, herleitet.

Etwas zusammenhalten, vor dem Verlorengehen bewahren. Ein Obdach geben.

Wir sind unter Menschen, aber sie sind auch unter Toten.

Nichts zu befürchten. Die Toten heißen dich willkommen.

Man nennt sie die Portraits aus Fayum, da man sie gegen Ende des 19. Jahrhunderts in dieser ägyptischen Provinz entdeckte. Ein fruchtbarer, an einem See gelegener Landstrich. Man nannte ihn den Garten Ägyptens, 80 km westlich vom Nil, ein wenig südlich von Memphis und Kairo. Als man sie fand, glaubte ein Händler, er hielte Portraits der Ptolemäer oder von Kleopatra selbst in Händen! Und so tat man sie verständlicherweise als Fälschungen ab.

In Wahrheit waren es jedoch wirkliche Portraits von Menschen mit richtigen Berufen: Lehrer, Soldaten, Athleten, Priester, die der Serapis dienten, Händler, Floristen ... die ganze ägyptische Mittelklasse.

Manchmal kennen wir die Namen – Aline, Flavian, Isarous, Claudine, Demos.

Wo bist du?

Ein Mann allein in seiner Küche. Es könnte mein Sohn sein.

Vielleicht sind es die Farben, die mich ansprechen. Die blaue Tasse: Aus ihr trank sie Kaffee.

Mit Zucker, keine Milch.

Das gelbe Trockengestell für die Teller, über das sie immer die frischgewaschenen Socken hängte. Den roten Telefonhörer, den sie in ihrem Haar versteckte. Der verdammte Honigtopf mit einem Bienenkorb auf dem Etikett, in den sie immer einen Löffel tat, ihn drehte und zum Mund führte, wobei stets eine Spur Honig auf ihrer Oberlippe blieb.

Er sitzt fast reglos an dem Küchentisch, Angesicht zu Angesicht mit seinem Verlust. In seinem Kopf weht ein Wind von Stärke 10, der Wind der Abwesenheit.

In der Küche steht auf dem Fensterbrett der verdammte Honigtopf. Die Maler aus Fayum mischten ihre Pigmente mit Bienenwachs, und wenn sie malen wollten, erhitzten sie den Wachs mitsamt der Farbe – du kannst es immer noch riechen – und trugen beides heiß auf den hölzernen Bildträger auf. Man kann in der Farbe immer noch die Klinge ertasten und spüren, wie sie über das Holz kratzte. Aber warum sind diese Portraits nicht gealtert?

Sie könnten jeden Augenblick durch die Tür treten.

In meiner Tasche trage ich ein Portrait aus Fayum, das Bild einer Frau namens Demos. Sie ist Anfang zwanzig, aber mit dem Wind in meinem Kopf wage ich nicht, es herauszunehmen.

Sie könnte jeden Augenblick durch die Küchentür treten …

Eine Spur von Honig auf ihrer Oberlippe …

Sie lebte noch, als man ihr Portrait auf einem Stück Holz festhielt, um nach ihrem Tod ihr Abbild mit einem Tuchstreifen auf ihrer Mumie festzubinden. Eine Art Pass für die lange Reise von Fayum zum Totenreich.

Gehen, ging, gegangen.

In jedem Augenblick …

Und warum sind diese Portraits nicht veraltet, während alle anderen antiquiert wirken? Giacomettis sehen alt aus. Gemälde von Rubens wirken ältlich. All diese Maler studierten ihre Modelle, um etwas für die Nachkommen festzuhalten. Aber in Fayum geschah etwas anderes.

Haben wir sie in einem anderen Leben geliebt?

Der Blick ging in die andere Richtung.

Natürlich, das ist es.

Die Portraitmaler in Fayum wurden nicht gerufen, um ein Bildnis zu malen, sondern nur um festzuhalten, wie der Mann oder die Frau ausgesehen haben.

Das stimmt, es war der Maler, der sich von seinem Kunden betrachten lassen musste. Und dann malte er, wie es war, von ihm oder ihr angeschaut zu werden.

Und die Modelle wussten, wozu das Bild gedacht war. Sie schauten auf den Maler des Todes. Sie wussten das.

Und der Maler bemerkte, wie ihn jeder anders anschaute.

Und das Modell betrachtete den Totenmaler, und der Maler ließ es zu, angesehen zu werden – und beide benutzten ihren Blick in der 2. Person Singular: du, you, toi, esy, tu, ti … Auf den Straßen da oben ist es anders, oder? An jeder Ecke schauen dich Gesichter an, aber sie dienen nicht als Passbilder für das Totenreich.

Nicht einmal als Aufzeichnungen für die Nachwelt. Die Gesichter da oben machen uns Vorhaltungen, sie provozieren, sie rufen Neid hervor, sie lösen neue Wünsche aus, schärfen die Kanten unseres schartigen Ehrgeizes, gelegentlich geht es um Mitleid – gepaart mit einem Gefühl von Hilflosigkeit. Sie belästigen uns, denn jede Stimme will die andere übertrumpfen und auslöschen. Und dort oben beginnen wir zu glauben, dieses Getöse wäre der Beweis, dass wir am Leben sind.

Hör. Hier ist es ganz still, selbst der Wind hat aufgehört.

Ich habe das Portrait aus meiner Tasche gezogen. Es liegt ein Schweigen in dem Gesicht. Sie wendet sich an nichts, sie wandten sich an niemanden, diese Gesichter aus Fayum, sie bitten um nichts. Sie schauen uns an, und ihr Blick sagt –

Wir wissen, dass wir am Leben sind.

Und du lebst, denn du schaust uns an.

Du, you, esy, toi, tu, ti, du, you, esy, toi, tu, ti …

Oh, mein Geliebter
Wie süß
Zu kommen
Und im Teich vor deinen Augen
Zu baden
Dir mein nasses Leinengewand
Zu zeigen
Wie es sich an meinen Leib
Schmiegt, sich mit ihm vermählt
Komm, schau!

Vor einem halben Jahrhundert wunderte ich mich monatelang – und das zu einem Zeitpunkt der Geschichte, in dem sich ein einzelner Monat zu einem Jahrzehnt dehnen kann, weil für die Zukunft rein gar nichts gewiss scheint. Ich wunderte mich damals, wer denn wen anschaut. Denn das ist eine grundlegende Frage der Malerei. Wer schaut wen an? Zu der Zeit besuchte ich eine Kunstschule am anderen Ende dieses Tunnels.

Vor neunzig Jahren haben Männer diesen Tunnel hier in den blauen Lehm getrieben, der uns umschließt. Und keine Tunnel ohne Tote. Es waren Wanderarbeiter, Migranten, zumeist Iren, ihre Namen sind längst vergessen. Aber in der Stille sind sie da.

»Aber warte eine Sekunde«, sagte Roque Dalton
– er war kein Grubenarbeiter, er war ein Dichter aus
San Salvador, aber auch er ist tot.
»Aber warte eine Sekunde,
die Toten haben sich seitdem verändert.
Sie wurden sarkastisch,
sie stellen Fragen.
Ich glaube, sie haben begriffen,
dass ihre Zahl unsere täglich weiter übertrifft.«

Hier entlang, hier entlang, hinunter in den Tunnel …

Die Perspektive – und es gibt so viele Perspektiven – ist Teil der Wahrnehmung und der menschlichen Fähigkeit, sich zu bewegen, zu gehen, etwas mit dem Arm zu berühren, zu sehen. Weil manche von uns etwas über Alberti und die Renaissance gehört haben, neigen wir dazu, die Perspektive als rein bildnerische Strategie zu begreifen. Aber das ist falsch … Die Perspektive kommt daher, dass wir mit der Geburt in einen offenen Raum geworfen wurden.

Es gibt Kunsttheoretiker, die sich über die Tatsache wundern, dass prähistorische Höhlenmaler vor 30000 Jahren die Grundzüge der Perspektive entdeckt haben: »Ein Tier ist hinter das nächste gesetzt!«, sagen sie fasziniert. »Das hintere Bein ist kürzer angelegt als das vordere!«

Wenn man so denkt, ist es, als ob man im Zug dahin schaut, woher man kommt, statt dorthin, wohin man will. Schaut also bitte in die richtige Richtung. Und folgt den Reiseleitern in den Tunnel.

Am anderen Ende hören wir einen Ausschnitt von einer Radiosendung aus dem II. Weltkrieg über den Aldwych-Bunker. Die Zuhörer lassen sich über den Bahnsteig treiben. Sie legen sich nieder.

Vielleicht ist es die erstaunlichste Entdeckung der Moderne, dass die Vergangenheit so riesig ist.

Am Anfang der vertikalen Linie scheint ein Jahrzehnt eine lange Zeit – zumindest so lang wie ein Monat im bombardierten London.

Wenn wir auf der vertikalen Linie rückwärts reisen, werden die Einheiten, mit denen wir die Zeit messen, größer und größer …

… wie in der Inflation das Geld.

Und so sind nach ein paar Jahrtausenden fünfzig Jahre nichts.

In meiner Hand halte ich einen kleinen Stein von der Größe und Farbe einer Walnuss, den mir Anne gegeben hat, Anne Michaels. Der Stein ist sehr leicht und wiegt vielleicht 30 Gramm. Vielleicht ist er aus Palagonie, wie die Geologen eine Art Unterwasser-Lava nennen.

Nach ein paar Jahrtausenden sind 500 Jahre gerade einmal so viel wie der Unterschied zwischen gestern und dem Tag davor.

Dort, wo sich, so denke ich mir, vielleicht seine Oberseite befindet, hat der Stein einen sehr feinen, dünnen, flachen, schwärzlichen Einschluss – mehr oder weniger von der gleichen Farbe wie die Schnauze eines Hundes, der in der Erde wühlte.

Jetzt, nach fünf Jahrtausenden, sind 1000 Jahre nicht mehr als ein paar Minuten, die du dich zu einem Rendezvous verspätest. Warum konntest du nicht noch ein wenig warten? Ich bin gerade einmal 1000 Jahre zu spät.

Annes winziger Stein stammt von der Westküste Neufundlands. Vor 450 Millionen Jahren war sie Teil des Meeresgrundes.

Und als die Kontinente Europa und Nordamerika auseinanderbrachen und -drifteten, wurde dieses kleine Stück aus den Tiefen des Ozeans an Land geworfen … so ist das, was ich in Händen halte, vielleicht 450 Millionen Jahre alt. Für Herodot oder Gibbon war das undenkbar.

Wenn wir mehr über die sozialen Umstände und Produktionsbedingungen wüssten, die nach Marx und Engels im sogenannten Urkommunismus existierten, wüssten wir mehr über das Geheimnis der Steinzeitkunst; unglücklicherweise wissen wir ziemlich wenig, und so nimmt die vertikale Reise eine andere Richtung und gräbt ihren Tunnel seitwärts.

Ich habe gerade mein Motorrad aufgebockt und stehe auf Korsika. Obwohl es Sommer ist, bläst ein höllischer Wind. Auf dem Meer und den Felsen Sonnenschein. Weit entfernt von unserem Bahnsteig. Und obgleich das Motorrad sehr schwer ist, war es nicht leicht gewesen, es bei dem Wind auf der Straße zu halten. Aber ich habe es geschafft. Und überall, wohin ich schaue, Steine, um die im Sonnenschein der Wind pfeift. Wir sind weit weg, 3000 v. Chr.

Die Anfänge der Landwirtschaft: Es gab Mehl, Webstühle, Töpferei, wahrscheinlich hielten sie Hunde.

All die Felsen hier wurden von Wind und Wasser geformt, und alle Felsbrocken haben, so weit ich sehen kann, Ohren, Nasen, Arschlöcher. Überall Granit.

Wenn der Mensch sich niederlässt, wird er von der Kürze des Lebens heimgesucht, und die Steine bringen ihn mit ihrem Blick zum Schweigen.

Hier draußen in dem Wind gibt es 3000 v. Chr. eine Einsamkeit, die wir heute gerne vergessen, keine individuelle Einsamkeit, sondern die der Menschen an sich.

Das ist der Zeitpunkt, an dem sie anfangen, zu schnitzen und zu meißeln. Nicht mehr kleine Talismane, wie sie sie auf ihrem Zug als Nomaden mitgenommen hatten, sondern sie bearbeiten Steine, die genauso groß sind wie sie selbst und die hier bleiben, wenn sie tot sind, um auf die anderen Steine zurückzustarren.

Ich strecke meine Hand aus, um einen der aufrecht stehenden Steine zu betasten. Wo er seit gestern die mediterrane Hitze speichert, spüre ich kleine Wärmewellen von innen nach außen dringen. Und diese Felsen, diese bearbeiteten Steine leisten mir Gesellschaft, sie bilden in dieser erschreckenden und heroischen Einsamkeit eine Gemeinschaft.

Ein Stein, so hoch wie ein Mensch, aufrecht wie ein Mann, bildet eine Präsenz, eine neue Gegenwart.

Die Archäologen, die du damals besuchtest, waren dabei, die bearbeiteten Steine in drei Kategorien einzuteilen. Zunächst die einfachen Menhire – ein Menhir, das weißt du, ist ein aufrecht stehender Stein.

Dann die Steine, die mit Feuerstein bearbeitet sein mussten, so dass, selbst wenn sie keine erkennbaren Züge aufwiesen, es doch einen mysteriösen Unterschied zwischen Vorder- und Rückseite gab.

Dann kamen die Menhir-Statuen, mit einem Bindestrich geschrieben, denn der Stein schien eine Spur deutlicher bearbeitet – es gab immer noch keine erkennbaren Züge, doch auf dem Rücken eine deutliche Kerbe, eine kleine flache Einkerbung, die eine Wirbelsäule bedeuten könnte.

Es ging um die Frage, ob man einen aufrechten Stein sich wie einen Menschen bücken lassen konnte.

Und schließlich gab es die Gruppe der Statuen. Eine Statue hatte Schulterblätter, eine andere Augenhöhlen, eine ein Kinn.

Später wurden sie weiterbearbeitet, so dass sich die obere Kante sanft neigte, um zur Schulter zu werden, die etwas breiter war als die Hüfte, aber immer noch gab es weder Gesicht noch Glieder oder ein Geschlechtsorgan, und doch, lieber Gott, besaß der Stein den Umriss eines Menschen.

Am Anfang ging es darum, einen Stein zu finden, der so hoch ist wie ein Mensch, ihn dann aufrecht zu stellen, so aufrecht wie ein Mann. Ich weiß, du hast dich gerade auf dem Bahnsteig da drüben hingelegt. Aber ich möchte dich bitten, aufzustehen, stell dich hin, auf die Füße, so wie ich hier genau vor dem Menhir.

Wendet euch einander zu.

Paarweise.

Lasst euch Zeit.

Nun, da ihr euch als Paare gegenübersteht, nehmt euch Zeit. Ein Jahrhundert ist eine Kleinigkeit.

Nähert euch einander, bis ihr euch berührt.

Und jetzt, bitte, schließt die Augen, streckt die Arme aus und berührt euer Gegenüber.

Und konzentriert euch auf die Menhire.

Lauscht auf den Wind. Nicht der, den ihr berührt, ist der Menhir.

Er ist derjenige, der nichts sieht und wartet.

Esy, du, you, toi, tu, ti …

Ein Menhir ist eine Wohnung.

Für die Toten, die sonst herumziehen müssten.

In den Menhiren stehen die Toten vor den Lebenden, um ihnen Gesellschaft zu leisten.

Kannst du mich hören, hier in der Dunkelheit?

Ich stehe hier, 30 Meter von dir entfernt.

Aber wir müssen in eine andere Zeit und an einen anderen Ort. Und dazu brauche ich deine Hilfe.

Hilf mir, uns vorzustellen, wir wären von Mauern aus Fels umschlossen, von Klippen, Steinen, und dass sich über uns eine 100 Meter mächtige Decke aus Kalkstein befände.

Es ist der 18. Dezember 1994, und in der eisigen Luft eines Winterabends sind in Frankreich drei Höhlenforscher in der Schlucht der Ardèche durch einen 80 cm hohen und 25 cm breiten Tunnel gekrochen. Klaustrophobie ist eine Frage der Umstände. Sie waren schon ziemlich weit vorangekommen und spürten plötzlich einen leichten Luftzug. Spürst du ihn? Ja? Es weht, ganz leicht.

Sie ziehen einen Stein aus der Lücke, aus der der Luftzug zu kommen scheint. Sie steigen durch die Lücke, dann auf einer Leiter hinab, einer Strickleiter, und spüren in der Dunkelheit, dass sie sich in einer riesigen Kammer befinden, mehrere Dutzend Meter lang und zwanzig oder dreißig Meter hoch. Schwarz wie der finstere Bahntunnel, in dem ich jetzt stehe, und die Stille … die Stille ist die gleiche. Hör!

Ist das die Stille der Wüste?

Nein, nicht wirklich. Nein, gar nicht.

Die Stille in der Wüste ist schmal wie eine Klinge.

Und diese Stille ist tiefer, tiefer, als man es sich vorstellen kann.

Schau, ein Bärenschädel, ganz überzogen von Kalzit, den Wassertropfen über Jahrtausende auf ihm ablagerten.

Wir sind nicht mehr unter der Erde, wir sind in einem Körper aus Kalkstein mit glitzernden Eingeweiden. Das

Geräusch unseres Atems, irgendwo das unhörbare, das unendlich langsame Klicken von Karbon- und Kalzitkristallen, die aus Mineralien Stalagmiten, Stalagtiten, Gewebe, Vorhänge, Falten und Sehnen formen, bald weißlich, bald rötlich. Wir sind in den Kutteln des Berges.

Und die Dunkelheit, die Finsternis um uns hat nichts von der Düsternis des Himmels oder dem Schwarz des Wassers. Das hier ist die Finsternis der Felsen. Die anderen Arten von Dunkel sind alle mehr oder weniger leer. Diese hier aber ist fest und voll. Du kannst deine Hand ausstrecken und sie berühren. Und durch sie kommen die Tiere hervor.

Und an diesem Dezemberabend hebt Eliette Brunel, die Frau unter den Höhlenforschern, ihre Taschenlampe …

Ahhh!

Es war der erste menschliche Schrei in dieser Höhle seit vielleicht 25 000 Jahren.

»Der Strahl unserer Taschenlampe fiel auf ein Mammut, dann auf einen Bären, dann auf einen Löwen mit einem Halbkreis aus kleinen Punkten, die wie Blutstropfen aus seiner Schnauze fielen, auf ein Rhinozeros … Wir sahen Menschenhände bald als ausgemalte, bald als ausgesparte Umrisse. Und ein Fries aus weiteren Tieren, 10 Meter lang.«

So beschrieb Jean-Marie Chauvet, was sie nach dem Aufschrei Eliettes zu sehen bekamen.

»Und alles war so schön, so frisch, fast zu frisch. Es war, als wäre die Zeit aufgehoben, als ob die uns trennenden Jahrtausende nicht mehr existierten und als ob wir plötzlich nicht mehr allein wären. Die Maler waren genauso da wie wir. Wir spürten ihre Gegenwart. Wir störten sie.«

Die Höhlenmaler verwendeten drei Farben. Hämatit für ihr Rot, Ocker für Gelb sowie Braun und Manganoxid oder Holzkohle für Schwarz. Sie benutzten kein Bindemittel, sondern sie verrieben die Farben einfach miteinander und mischten das Pulver mit Wasser an. Und erstaunlicherweise hat gerade die Feuchtigkeit, das ständige Tropfen in der Kalksteinhöhle, die Malereien so gut konserviert. Manchmal bliesen sie die Farben mit aus Knochen gebastelten Pfeifen und Röhren auf. Als Pinsel benutzten sie Federn oder Fell oder sie zerkauten die Enden von Stöcken. Während du zuhörst, könntest du auch an einem Stängel kauen, den einer dieser ersten Maler als Pinsel benutzte …

»Wir gehen nicht fehl, wenn wir uns vorstellen, dass Gott hier gewesen wäre …« Zu Beginn des 13. Jahrhunderts schrieb Meister Eckhart diesen Satz. Später wurde er vom Papst der Ketzerei verdammt.

»Wir gehen nicht fehl, wenn wir uns vorstellen, dass Gott hier gewesen wäre und auf ein Jetzt gewartet hätte, um die Welt zu erschaffen. Im gleichen Augenblick, als er seinen Sohn, der ihm in allen Stücken an Gottheit gleich ist, gebar, erschuf er die ganze Welt. Gott sprach nie mehr als eines. Sein Spruch ist nur einer. In diesem Spruch spricht er seinen Sohn und den heiligen Geist und alle Kreaturen.«

Immer wieder kamen Menschen auf den Gedanken, dass die Tiere bessere Zeugen für die Schöpfung wären als sie selbst. Uns vermitteln Tiere, die die Zeit anders erleben, den Eindruck, immer noch in diesem Jetzt zu sein.

Diese Jägermaler lebten während der letzten Eiszeit des Planeten. Es gibt keinen wesentlichen Unterschied zwischen ihnen und uns, außer dass sie sich selbst als Teil der »Bevölkerung« der riesigen Tierherden empfanden, denen sie folgten. Diese Männer und Frauen betrachteten die Felsen bei Feuerschein und fanden hier mit den Tieren eine Gemeinschaft. Und die Tiere führten sie zu einem Jetzt, in dem sich alles traf.

Die Maler begannen mit den Felsen. Sie ließen sich von dem Stein so anschauen, wie Demos ihren Maler betrachtete. Die Felsen sahen sie im Fackelschein. Im Fels gab es kein Firmament und keinen Horizont, keine rechten Winkel und kein Kopfüber. Alles im Fels ist dicht und voll wie unser Schlaf.

Die auf den Fels gezeichnete Linie ist wie eine Flüssigkeit, die durch eine Ader fließt, und diese Ader umreißt die Silhouette eines Tieres, das darauf wartet zu erscheinen. Wenn die Tiere ihre Schnauzen durch die Oberfläche strecken, spielt es keine Rolle, wie groß sie sind. Und es spielt keine Rolle, ob bereits ein anderes Tier da ist. Worauf es ankommt, ist, wie weit sie sich durch den Fels drängten, um bei der malenden Hand zu sein.

Kannst du etwas riechen?

Bär. Ich rieche einen Bären. Vor den Jägern und Malern gehörte diese Höhle den Bären. Vielleicht haben sich die Menschen deshalb entschlossen, hier zu malen. Am Anfang waren die Maler Eindringlinge wie wir, die versuchten, sich den Tieren zu nähern.

Schau, da über deiner Schulter. Ein Höhlenbär, ganz in rot. Er pendelt von rechts nach links, langsam, den Kopf gesenkt … Schau auf seinen fetten Nacken, das Weiche seiner Schnauze, schau, wie groß seine Unterarme sind, für dich läuft er auf allen vieren, und seine Tatze berührt fast den Boden. Keine Zeichnung kann mehr wissen als diese, es ist ein Selbstportrait, das der Bär von sich hinterließ. Er kennt die Toten, und die Toten wissen alles.

Esy, you, du, toi, tu, ti.

Es ist naiv, die Idee, aller Beginn sei primitiv, auf die Kunst anzuwenden. Die erste Malerei – und das meint die frühesten in Europa entstandenen Gemälde – flüstert uns etwas Unerwartetes zu. Es gab kein Anfangen am Anfang und kein Herumprobieren.

Mit dem beharrlichen Bedürfnis kam ein erstaunliches Talent.

Hier, unter diesem Berg, haben sie vielleicht gesungen, geredet – in einer Sprache, die uns unbekannt ist. Gewiss waren sie es, die die Felsen bemalten. Und gewartet haben.

Vor dem Warten legten sie ihre Hände als Schablonen auf die Felswand und malten sie ab – und jede Markierung sagte »hier«. Und sie warteten … und warteten, so wie wir vielleicht jetzt …

In dieser Höhle geschah regelmäßig das früheste Warten, von dem wir wissen. Heute bedeutet Raum Entfernung – etwa die Distanz zwischen London und Paris, zwischen Paris und Tokyo.

Ihr Raum – und das erzählt uns die Höhlenmalerei – hatte aber nichts mit Entfernung zu tun. Ihr Raum war ein Treffpunkt, und der Raum brachte alles an diesen einen Ort.

Die Tiere durchquerten den Fels. Sie kamen uns nicht entgegen. Wenn das so wäre, hätten sie nur anhalten müssen, als sie auf uns stießen, aber sie haben nicht angehalten. Sie gehen weiter und weiter. Und indem sie weitergehen, sind sie stets an diesem Treffpunkt.

Die Chauvet-Höhle ist für die Öffentlichkeit gesperrt. Außer diesem hier ist kein Besuch mehr möglich. Eine richtige Entscheidung, denn nur so können die Bilder bewahrt werden. Die Tiere auf den Felsen sind wieder in dem Dunkel, zu dem sie aufgebrochen waren und in dem sie so lange weilten.

Es gibt kein Wort für diese Dunkelheit, es ist weder Nacht noch Unwissenheit.

Wir alle wissen das, denn von Zeit zu Zeit durchqueren wir alle dieses Dunkel und sehen dabei alles.

Am Ende der vertikalen Linie möchte ich dir ein paar Worte vorlesen, sie sind von Blaise Pascal … würde ich sie nur finden …

Wir halten uns nie an die Gegenwart … wir greifen der Zukunft vor, als käme sie zu langsam und als wollten wir ihr Eintreten beschleunigen, oder wir rufen uns die Vergangenheit zurück, als wollten wir sie festhalten, da sie zu schnell vorübereilte, wir sind so unklug, dass wir in Zeiten umherirren, die nicht die unsrigen sind, und nicht an die einzige denken, die uns gehört … Das kommt daher, weil die Gegenwart uns meistens wehtut.

1999

Anhang

Ein Denken, das mit den Augen beginnt

Nachwort

I

Als wir John Berger 2011 in den Savoyen besuchten, in dem kleinen Flecken Quincy, dreißig Kilometer südöstlich von Genf, saßen wir nachts in der Küche. Mit einem Schlag war es plötzlich dunkel. Stromausfall. Hier oben in den Bergen passiert das oft und dauert manchmal Stunden. John Berger stand auf, ging zum Schrank und zündete eine Kerze an. Wir blinzelten in das flackernde Licht.

Er bewegte still seine Lippen, als ob er ein paar Worte aus dem Dunkel locken wollte, als ob er eine Distanz überwinden müsse, einen Raum, den er zwischen sich und den Dingen wahrnimmt, der ihn verwundert und zum Staunen bringt und manchmal zum Verzweifeln. Dann, mit stockenden Worten: »Jetzt sind unsere Gesichter Gemälde … im Licht der Glühbirne waren wir Fotografien.«

Die Küche lag weit ab, anscheinend, aber wenn man nachts vor dem Schlafen noch eine Runde drehte, schien das hochgelegene Tal mit der ganzen Welt verbunden – als ob es die Radiowellen aus den fernen Städten leichter hätten, hier in den zwischen Zwetschgenbäumen gespannten Drähten anzukommen. Die nahen Sterne gaben der Nacht etwas Hellwaches.

»Jetzt sind unsere Gesichter Gemälde.« Die Spontaneität der Beobachtung besticht – ihre Unmittelbarkeit, mit der aus einer Beobachtung eine Erkenntnis und aus der wiederum eine aufregende Wahrnehmung wird. Sie deutet an, dass sie etwas Grundlegendes berührt, etwas, das neben unserem Weg liegt, etwas, zu dem wir unmittelbaren Zugang haben, aber meist beiseite lassen. Im Kerzenlicht sind wir jetzt nicht mehr die gleichen.

»Das Sehen ist eine Tür, die jeder für sich öffnen kann.« In unserem Gespräch ging es damals über das Zeichnen und den Nachvollzug des Aufbaus des Sichtbaren durch Auge und Hand – eines der großen Themen seiner letzten Bücher. Neben seinem Sinn für erzählerische Details, für blitzhafte Einsichten ist diese Nähe zu einem sinnlichen Handwerk des Sehens eines der Fundamente seiner erstaunlichen Kunstbetrachtungen.

Kunst, Fotografie, das Werk der Hände, sein Zeichnen – die überraschend luziden Bezüge zwischen den vielen Tätigkeiten der Menschen machen das Geheimnis seiner Essays aus. Wissen ist für ihn die unendliche Aufgabe, die Dinge miteinander in Bezug zu setzen und zwischen ihnen eine Relation zu finden, die dem Maß des Menschen entspricht. Und in dieser Relation findet der den Imperativ, der den Leser auffordert, sich zu entscheiden. Nur so können wir zugleich eine kritische Distanz wie eine solidarische Offenheit wahren, die uns auch unter widrigen Umständen Hoffnung gibt. An seinem Werk kann man sich aufrichten.

Den Nachmittag hatten wir damals im Garten verbracht: unter Zwetschgenbäumen, die so voller Früchte hingen, dass der Nachbar rief: »150 Flaschen Gnôle!« John Berger, der gerade Honig in Gläser löffelte, blieb skeptisch. Spät im Sommer war der Honig dunkel, im Frühjahr war er wegen des Löwenzahns hellgelb gewesen. Zwischendurch zeichnete er mit Tusche. Wenn er sie mit Salz, Zucker und etwas Spucke mischte, erschien zwischen den schwarzen Linien Blau, Rot oder Purpur. Die Farben, die Wahrnehmung ihrer Sinnlichkeit. Der Geschmack der Früchte. Das Gewebe der Welt. John Berger hatte viele Namen dafür und manchmal murmelte er sie vor sich hin und bewegte seine Hände, als streichelte er eine Katze. Das frische Grün der unreifen Zwetschgen, später im Jahr ihr schattiges Blau in den Zweigen, das dunkle Orange ihres Fleisches, das leuchtende Rot der Himbeeren. Wo die Sprache nicht hinreichte, zeichnete er: Nicht alles findet die Sprache, aber alles hängt miteinander zusammen. Das Sehen ist wie das Hören eine unendliche Aufgabe.

2

Dieses Miteinander macht seine Essays so anschaulich – nicht sein kunsthistorisches Wissen, das er diskret vor dem Leser verborgen in einem Rucksack auf dem Rücken trägt. Sein sinnlicher Nachvollzug der Arbeit des Malers – es ist, als ob sein Auge das Bild ertaste. Hier liegt seine Liebe zur Renaissance-Kunst begründet, die er durch die Studien von Bernard Berenson zu verstehen gelernt hat, vor allem durch den Begriff der »tastbaren Werte« eines Kunstwerks, die für Berenson zum Inbegriff italienischer Kunst wurden. Er argumentiert dabei entwicklungspsychologisch: Als Kinder erfahren wir den Raum zunächst durch den Tastsinn, erst später durch das Auge. Aber der Geist verliert nie die Erinnerung an dieses erste Ertasten, wodurch der Raum auf einem Gemälde nie ganz zu einer abstrakten Demonstration von perspektivischem und technischem Geschick wird, sondern stets vom Tastsinn grundiert bleibt. Daraus leitete Berenson die »stoffliche Bedeutsamkeit der sichtbaren Dinge« ab, die sein Kunstverständnis prägte – eine Idee, die auch für John Berger Leitgedanke gewesen sein könnte.

Liest man heute diese Passagen in Berenson: »Die italienischen Maler der Renaissance« (vgl. S. 141 f.), meint man, eine der Grundformeln der Kunstessayistik John Bergers gefunden zu haben: die Gleichberechtigung von Auge und Hand. Aber deutlicher als Berenson, der nicht nur den Werkkanon vieler Renaissance-Künstler mitbegründete, sondern auch dem Bruder Gertrude Steins die ersten Cézanne-Gemälde vermittelte, war John Berger von einem gesellschaftlichen Drang zur Veränderung angetrieben. Zu Beginn, in den Essays der Fünfziger und Sechziger, maß er die Bilder an der Gegenwart, wie er sie zu kennen glaubte, und formulierte in seinen Wünschen fast Rezepte, was etwa zeitgenössische Maler von der Renaissance lernen könnten. Im Lauf der Sechziger wird diese Didaktik einer Dialektik weichen, die im Kunstwerk das Andere sieht, das zu einem utopischen Impuls werden kann, die schwerer zu fassende Gegenwart besser in den Blick zu bekommen. Dieses Andere wird nicht mehr mit dem Zollstock auf das Moment seiner gesellschaftlichen Anwendbarkeit heruntergerechnet. Es bleibt für sich, ein Raum, den wir kunsthistorisch, stilgeschichtlich und soziologisch vermessen können. Aber in seinen Bezügen zum Kontext, in dem das Kunstwerk entstand, wie zur Lebenswelt des Betrachters, der seine Fragen vor ihm sammelt, werden wir es nie vollkommen ermessen. In diesem Spalt wohnt das Staunen, das alle

Essays John Bergers durchzieht, ihnen eine Entdeckerfreude verleiht, die sich auf den Leser sofort überträgt und ihn zu Beobachtungen führt, durch die die stummen Bilder beredt werden.

In den späteren, vor allem um die Jahrtausendwende entstandenen Texten sieht John Berger in diesem Anderssein den Vorschein von etwas, das sich der Immanenz des Daseins nicht entzieht (im Sinne der Ewigkeit der Kunst), aber über sie hinausgeht. Diese Art von Transzendenz stammt nicht aus einer theoretischen Spekulation oder Theologie, sondern entsteht durch das geduldige Betrachten der Stofflichkeit der Welt selbst – von den Bildern Zurbaráns bis zu Mark Rothko. Das war die Lektion Spinozas, die ihm Gilles Deleuze vermittelt hatte, »dass, sobald unsere Antwort auf ein Geschehen adäquat ist, wir die Ewigkeit berühren. Die Ewigkeit ist nicht etwas, das noch aussteht, sondern sie ist Gegenwart.« Die Wahrheit liegt nicht hinter dem Sichtbaren, sondern in seinem Innern, in seiner Dichte, im Beharrlichen der sinnlichen Welt. John Berger war ein Mystiker der Nähe.

Damit dieser Raum aus Denken, Erfahrung und Erinnerung vorstellbar wird, muss die Malerei einen Raum schaffen – oder wir den Raum der Malerei als einen offenen verstehen –, der begreifbar macht, dass unser Leben nicht völlig in der Zeit gefangen bleibt. Von daher ist die Tür, die das Sehen für John Berger öffnet, immer mit seinen Gedanken über die Zeit verknüpft. Für ihn ist Zeit keine Gerade, die sich von dem Punkt der Gegenwart fortbewegt. Er besaß ein geologisches Modell von der Zeit, die sich in Schichten ablagert, die wiederum durch gesellschaftliche Prozesse wie durch biographische Verwerfungen wie Erdschichten gestaucht, gebogen und übereinander geschoben werden, bis zeitlich weit voneinander gelegene Momente einander berühren: historische Ereignisse und Erinnerungen, ein Begehren nach Revolution und nach einem Menschen, die Sehnsucht nach Gerechtigkeit und die Erfahrung von Einsamkeit und Ohnmacht. In diese übereinander stürzenden Schichten reisen die Kunstwerke mit: Sie bilden Geoden, in denen man im Gestein einen Spalt, eine Kluft, einen Raum findet, um die Verwerfungen zu ermessen und zu erkennen. Seine Kunstbetrachtungen handelten immer zugleich von der erlebten Zeit der Menschen wie von der Zeit der Historie. Er liest ihre Spuren aus dem Blick der Maler, erkennt sie in ihrer Zusammenarbeit mit Sujet oder Modell – kurz, er versucht sich von allen Seiten dem Appell der Bilder zu nähern, den sie an den Betrachter stellen. Es ist eine aufregende Melange, die John Berger mit der bekannten Geste in die struppigen Haare greifen ließ, bis er einen Zipfel von dem Geheimnis zu fassen bekam: »Unsere Gesichter Fotografien, Gemälde«.

3

Wie diese Art Denken, das mit den Augen beginnt, aber das Hören, Riechen und Tasten mit einschließt, funktionieren kann, erlebten wir vor den Goya-Gemälden im Winterthurer Museum am Römerholz. Selten hätte er in einem Museum so viele Bilder angetroffen, erzählte John Berger begeistert, die er aus Büchern kannte, aber von denen er nicht wusste, wo sie hingen. Also hier.

Er lief zwischen den Gemälden umher, als begrüßte er alte Bekannte. Dann wurde er nachdenklich, und in dem kleinen Saal, wo damals die spanischen Bilder hingen, erklärte er eine der Ironien der Geschichte.

Neben zwei Portraits, auf denen Goya revolutionäre Freunde von sich dargestellt hatte, hing ausgerechnet das Bild eines Inquisitors von El Greco. Skeptisch und misstrauisch lugte er unter seiner Brille hervor und ließ die beiden Figuren Goyas nicht aus dem Blick. Zweihundert Jahre liegen zwischen Goya und El Greco, aber noch immer lag auf Goyas Freunden der Blick der Inquisition, die auch sie verfolgt hatte. Jetzt waren die drei Bilder hier fern der Heimat im Exil – wie schon der ältere der beiden Männer, den Goya kurz vor seinem Tod in Bordeaux gemalt hatte. Dass sie hier zusammen hingen, machte die drei Bilder zum Zeichen eines politischen Zwangssystems, dem man auch im Exil nicht entrinnt.

Vom erdigen, blassen, gräulichen Kolorit der Bilder zu den Napoleonischen Kriegen, von den Reisen Goyas an die Front, wo er mitten in den Kämpfen gezeichnet hatte – mit einigen Andeutungen und Sätzen stand plötzlich einer von Johns Essays im Raum, ein Aufsatz, den er nie schreiben würde. Berger trägt sein Wissen nicht vor sich her. Er hat die Hände frei für sein Gegenüber und zeigt lieber auf die Bilder. Hier, vor einem seltenen Stillleben von Goya der Fingerzeig auf den Fisch im Zentrum des Bildes, das – eine kleine eingeflochtene Erzählung – Goya malte, als eine Hungersnot Madrid heimsuchte. Er hatte die drei Scheiben Lachs aus der Vorstellung heraus auf die Leinwand gesetzt, und deshalb wohl die rote Spur eines Blutgerinnsels dort, das in einem Fischgeschäft ein unangenehmes Detail wäre, aber hier genau die Stelle markiert, wo der Hunger durch das Rosa bricht.

Als sähen wir das Bild zum ersten Mal, blinzelten wir über das gemalte Fleisch, nickten den beiden Freunden Goyas zu, während John schon vor dem Bild eines Mannes stand, den Géricault fast gleichzeitig mit Goya, zweihundert Jahre vor uns, in einer Irrenanstalt gemalt hatte und der John Berger an einen Obdachlosen erinnerte, den er zuletzt in Paris ein oder zwei Mal in der Metro gesehen hatte. Unsere ungläubige Verwirrung war das größte Glück des Erzählers.

Sein Schauen war seine Philosophie, und seine Philosophie ein Denken, das sich im Nahblick zärtlich um die Dinge der Welt kümmerte: Raum, Zeit, das Leben der Menschen, die Art, wie wir unser Leben durch Entscheidungen prägen, wie unser Leben durch Entscheidungen von außen geprägt wird, seine Empathie für die vielen Menschen, die ihm begegnet sind, für die Wunden des Lebens und blauen Flecken der Seele – alles prägte seine Wahrnehmung, sein Schreiben und forderte beharrlich eine Veränderung.

Eine Wunschvorstellung: Hätte Walter Benjamin ein langes Leben gehabt, wären die beiden vielleicht Freunde geworden. Benjamin hätte seine Aktenmappe auf die Gartenbank gelegt und sich zu Ernst Fischer und Max Raphael gesetzt – die andern exilierten deutschen Kunsthistoriker und -soziologen, die John Berger schon früh durch seine deutschsprachige zweite Frau Anya Bostock kennenlernte. Sie einte ein durchaus marxistisches Interesse an der Zukunft, ein Verlangen danach, dass es morgen etwas geben müsste, um unser Heute zu verstehen.

Und dieses eine, das es morgen geben müsste, sich immer vorzustellen. Es nicht als Utopie an die Wand zu malen, sondern als Sehnsucht den Gedanken mitzugeben, das war John Bergers Stärke. In diesen Momenten fand er Hoffnung, eine in unserer Zeit der Zweckoptimisten so rare wie entscheidende Tugend.

4

Im Lauf der Zeit änderte sich seine Idee vom Essay. Die ersten Aufsätze erschienen in Zeitungen und bezogen sich deutlich auf Ausstellungen oder Fragestellungen, die ihn gerade beschäftigten, als hätte er sich noch nicht völlig von seiner Rolle als Zeichenlehrer gelöst. Sie forderten Widerspruch heraus, und in seinem beinahe gleichzeitig entstandenen ersten Roman »A Painter Of Our Time« (deutsch übersetzt als »Die Spiele«) wollte man orthodox-kommunistische Positionen erkennen. Der Verlag nahm das Buch einen Monat nach Erscheinen aus den Regalen. Für einen Essay über Henry Moore entschuldigte sich sogar das British Council bei dem Bildhauer. Liest man die Texte heute, kann man sich das kaum noch vorstellen.

Mit der Zeit griff Berger in seinen Essays immer mehr Perspektiven auf, die Sprache wurde weniger apodiktisch, sondern erzählerischer, und das didaktische Moment dialogischer als Gespräch gefasst. In manchen Passagen gab er die Argumentation an ein längeres Zitat ab, in anderen lösten poetische Beschreibungen seinen Gedankenfluss erst aus. Der Stillleben-Essay, der hier zum ersten Mal und ungekürzt erscheint, kann als Musterbeispiel gelten: Der Text ist als Brief an die Malerin und Zeichnerin Marisa Camino gehalten, was ihm Gelegenheit gibt, aus einer Innenperspektive vom Zeichnen zu sprechen, ohne sich selbst als Zeichner offenbaren zu müssen. Die Argumentation des Essays greift weit aus – von Mathematik und Geometrie zu Einblicken in die technischen Kniffe der Maler. Aber es finden sich auch intime Intarsien wie die Einkaufsliste, die den Leser nicht über Kunstbänden gebeugt, sondern in der Küchentür erwischt: Die Kunsterfahrung, die wir mit John Berger machen, ist keine ferne, ins Museum gehörende, sondern eine nahe, alltägliche.

Es gibt wenige Texte, wo seine Wahrnehmungen, seine Themen und die verschiedenen Tonalitäten seiner Darstellungskunst so sehr zusammenschießen wie in »Die vertikale Linie«. Der Radioessay oder das Hörspiel entstand für eine unterirdische Reise entlang einer stillgelegten Linie der Londoner Underground. Dunkelheit umgibt die einzelnen Sätze, die zunächst nur assoziativ zusammenzuhängen scheinen, aber Entlegenes mit eben noch erlebten Momenten zusammenfügen. Es gibt vielleicht kein besseres Bild für sein Denken.

Paris 2016, ein letzter Blick: Wir sahen, dass er Charlie Chaplins Biographie auf dem Tisch liegen hat – auch so ein Waisenkind zwischen den Klassen und Kontinenten, der Tramp, der die Kniffe und Listen kannte, mit denen die Armen ein ums andere Mal entwischten, um ihr Überleben zu fristen. Und der sie alle durch das Lachen befreite. Berger berichtete, wie er Chaplin zwei Jahre vor seinem Tod besuchte, wie er Chaplin erzählte, dass sie beide in Lambeth in London großgeworden waren und Chaplin mit leuchtenden Augen aus der Autobiographie die Passage über seine Kindheit vorlas – und Berger greift nach dem Buch. Einen Moment wissen wir nicht, sehen wir Chaplin oder Berger, der uns hier eine Lektion erteilt. Mit einem Stocken zwischen den Worten, das den Abstand zwischen den Dingen nicht vorschnell überspringt, sondern den Finger darauf legt, ihn hervorhebt und über ihn reflektiert, bevor die Brücke gefunden wird – eine Brücke zwischen den Menschen und über den Falten aus Zeit, Gegenwart, Zukunft und Vergangenheit, die uns umgeben.

Hans Jürgen Balmes
2. Januar 2019

Anmerkungen und Nachweise

I

Stillleben

Still-Life. How Is It There? or An Open Letter to Marisa (Camino). Peter Fuller Memorial Lecture at Tate Modern, in Auszügen im *Guardian* 13.7.2000. © John Berger, 2000, and John Berger Estate.

Aus dem Manuskript, der Essay ist bisher weder ungekürzt noch in Buchform erschienen. Einige Passagen hat J.B. später in seine Essays zu Morandi und Barceló in *Gegen die Abwertung der Welt* (*München: Carl Hanser 2003*) aufgenommen.

Haiku: J.B. zitiert Robert Hass' Sammlung *The Essential Haiku*. Versions of Basho, Buson, and Issa. Hopewell N.J.: Ecco Press 1994. Dt. als *Haiku*. Hg. und übersetzt von HJB. Frankfurt a.M.: Fischer TB 2016. S. 37, 144, 152.

Spinoza: Ethik I, Lehrsatz 15. Nach der Übersetzung von Berthold Auerbach hg. von Artur Buchenau. Berlin: Deutsche Bibliothek o.J. S. 14.

Benoît B. Mandelbrot: Die fraktale Geometrie der Natur. Aus dem Englischen von Reinhilt Zähle, hg. von Ulrich Zähle. Basel: Springer Basel AG 1987. S. 13, 17.

Shitao: Zehntausend hässliche Tintenkleckse, s.: Shitao: Aufgezeichnete Worte des Mönchs Bittermelone zur Malerei. Aus dem Chinesischen und kommentiert von Marc Nürnberger. Mainz: Dieterich'sche Verlagsbuchhandlung 2009.

Francis Ponge: Notizen für eine Muschel. In: Lyren. Ausgewählte Werke. Deutsch von Gerd Henninger. Frankfurt a.M.: S. Fischer 1965. S. 83.

Jorge Luis Borges: Das Aleph. Erzählungen 1944-1952. Übersetzt von Karl August Horst und Gisbert Haefs. München: Carl Hanser 1992. Zitiert nach Fischer TB 1992, S. 144.

Die Klarheit der Renaissance

The Clarity of Renaissance. Zuerst 1955 in *New Statesman*, später in *Permanent Red*. Essays in Seeing, London: Methuen 1960. Wieder abgedruckt in *Landscapes. John Berger on Art*. Hg. von Tom Overton, London: Verso 2016. S. 104ff. © John Berger, 1955, and John Berger Estate

Bernard Berenson führt seinen Schlüsselbegriff von den »tastbaren Werten« im Giotto gewidmeten Abschnitt seiner Abhandlung über die florentinische Malerei ein: »In dieser Phase (Kindheit) der Unbewusstheit lernen wir zugleich, den Tastsinn, wie die dritte Dimension, zum Prüfstein für die Wirklichkeit zu machen. Das Kind ist sich dieser engen Beziehung zwischen Tastsinn und dritter Dimension noch undeutlich bewusst. Es kann sich von der Unwirklichkeit des Spiegelbildes nicht überzeugen, solange es nicht die Rückseite des Spiegels berührte. Späterhin vergessen wir diesen Zusammenhang vollständig, obschon er insofern gewahrt bleibt, als wir jedes Mal, wenn unser Auge die Wirklichkeit wahrnimmt, tatsächlich den optischen Eindrücken tastbare Werte beilegen.« Das Bestreben eines Malers »muss sich darum zunächst auf die Erweckung des Tastgefühls richten, damit die Illusion entsteht, als ließe eine Gestalt sich berühren, und die weitere Illusion, als spüre man die unterschiedlichen Muskelspannungen, den wechselnden Projektionen dieser Gestalt entsprechend in Handflächen und Fingerspitzen, bevor man sie noch als wirklich vorhanden erkennt und als bleibenden Ausdruck in sich aufnimmt. Daraus folgt, dass – im Unterschied zur Kunst der Farbgebung, wie ich den Leser zu beachten bitte – das Wesentliche in der Kunst der Malerei gewissermaßen darin liegt, dass sie uns die tastbaren Werte stärker bewusst macht, wodurch das Bild zum mindesten mit der gleichen Kraft auf unsere Vorstellung vom Tastbaren einwirkt wie der dargestellte Gegenstand.«

Bernard Berenson: Die italienischen Maler der Renaissance. Übertragung aus dem Englischen von Robert West, in einer vom Autor genehmigten Neufassung von Hanna Kiel. Zürich: Phaidon 1952. S. 42. Die späteren Zitate ebd., S. 48, 78.

Piero della Francesca

The Calculations of Piero. 1959 in *New Statesman*, später in *Permanent Red*. Wieder abgedruckt in *Portraits. John Berger on Artists*. Hg. von Tom Overton. London: Verso 2015. S. 12ff. © John Berger, 1959, and John Berger Estate.

Giovanni Bellini

John Berger on Four Bellini Madonnas. 1962 in: *Monitor. An Anthology*. Hg. von Huw Wheldon, London: MacDonald 1962. Wieder abgedruckt in *Portraits*, S. 44ff.

Jan Vermeer

The Painter in His Studio. 1966 in *Punch*, später in der Essaysammlung *The Moment of Cubism* (1967) und *John Berger. Selected Essays*. Hg. von Geoff Dyer. London: Bloomsbury 2001. Unter dem Titel *Der erste Skeptiker: Vermeer* 1996 in der *Frankfurter Rundschau*. Später in: John Berger, *Meine Schöne. Essays, Geschichten, Gedichte*. Hg. von HJB. Frankfurt: Fischer TB 2006.

Lawrence Gowings Studie »Vermeer« erschien 1952 bei Faber & Faber in London. Das Pascal-Zitat ist aus Blaise Pascal: *Gedanken über die Religion und einige andere Themen*. Hg. von J.-R. Armogathe. Übersetzt von Ulrich Kunzmann. Leipzig: Reclam 1987. Nr. 199/72.

Paul Cézanne

Cézanne: Paint It Black 2011 im Guardian, als *La boîte noire de Paul Cézanne* in *Le Monde*, gleichzeitig deutsch in der Süddeutschen Zeitung. In: *Portraits*, S. 252ff.

Die Cézanne-Zitate stammen aus seinen Gesprächen

mit Joachim Gasquet. In: Gespräche mit Cézanne. Hg. von Michael Doran, übersetzt von Jürg Bischoff. Zürich: Diogenes 1982. S. 137, 140.

Claude Monet

2010 in der *Süddeutschen* Zeitung, als *The Enveloping Air: Light and Moment in Monet* 2011 in *Harper's*. In: *Portraits*, S. 262ff. © John Berger, 2010, and John Berger Estate.

An die Sätze »Monet hat einmal erklärt, dass er nicht die Dinge an sich malen möchte, sondern die Luft, die die Dinge berührt. Die Luft, die sie umhüllt.« (S. 67) schließen sich in der ersten Fassung vier Absätze an, die Bergers Gedanken zu Vermeer und Spinoza aufgreifen:

> In der europäischen Malerei gab es nur einen Maler, der sich eine ähnliche Aufgabe stellte: Vermeer.
>
> Ihre Malweisen könnten nicht unterschiedlicher ausfallen, doch sie träumten vielleicht beide das Gleiche: Sie wollten auf der Leinwand das einfangen, in das ihre Sujets eingetaucht waren; sie wollten die Transparenz der Luft malen, die die Gegenstände umhüllt oder umarmt.
>
> In Holland war Vermeer fast genau ein Zeitgenosse des Philosophen Spinoza. Beide interessierten sich für die Optik der Linsen – sie könnten einander getroffen haben, doch kennen wir keinen Bericht, der das bestätigt. Ein grundlegender Gedanke von Spinozas Philosophie ist, dass die Substanz unteilbar ist und doch alles Teil eben dieser Substanz ist, deren

Ausdehnung unendlich ist. Ein zweiter Gedanke besagt, dass das, was er »die Substanz Denken« nennt, ihre Vorstellung, und die sich ausdehnende Substanz selbst ein- und dasselbe sind.

Mit diesen – verkürzten, aber herausfordernden – Ideen im Sinn wollen wir uns wieder Monet zuwenden.

Mark Rothko

2001 deutsch erstmals im *Tagesanzeiger*. In: *Portraits*, S. 329ff. – Ausstellung in der Fondation Beyeler, Riehen/Basel vom 18.2.-29.4.2001. © John Berger, 2001, and John Berger Estate.

Das Zitat stammt aus einem Brief Rothkos an Katharine Kuh vom 14. Juli 1954. Es findet sich im Ausstellungskatalog. Hier zitiert nach: Mark Rothko, *Schriften 1934-1969*. Essays, Briefe, Interviews. Hg. von Miguel López-Remiro. Deutsch von Tarek Goldmann. Kurt Liebig Verlag 2008. S. 119.

Christoph Hänsli

2008 in: Christoph Hänsli, *Mortadella*. Zürich: Edition Patrick Frey 2008. In: *Portraits*, S. 489ff. © John Berger, 2008, and John Berger Estate.

Italo Calvino: Die unsichtbaren Städte. Aus dem Italienischen von Burkhart Kroeber. München: Carl Hanser 2007. S. 161.

Die zitierten Lehrsätze 7-11 von Spinozas »Ethik« aus der Übersetzung von Berthold Auerbach hg. von Artur Buchenau. Berlin: Deutsche Bibliothek o.J. S. 4-8.

Marisa Camino

2001 unter dem Titel *Sólo una cosa no hay* in *El País*. In *Portraits*, S. 486ff. © John Berger, 2001, and John Berger Estate.

Jorge Luis Borges: Everness. In: Die zyklische Nacht. Gedichte 1934-1965. Übersetzt von Gisbert Haefs. München: Carl Hanser 1993. Zitiert nach Fischer TB 1993, S. 155.

Martin Noël

2003 – *Branching Out/Sich Verzweigen*. In: Martin Noël: Blau und andere Farben. Hg. von Peter Dering. Museum Liner Appenzell. Ostfildern: Hatje Cantz 2003. In: *Portraits*, S. 478f. © John Berger, 2003, and John Berger Estate.

Randa Mdah

2009 erstmals in *The Threepenny Review*, 118. Auf deutsch 2011 in: Über Lebenskunst. Utopien nach der Krise. Hg. von Katharina Narbutovic und Susanne Stemmler.

Berlin: Suhrkamp 2011. © John Berger, 2009, and John Berger Estate.

Randa Mdah ist eine syrische Künstlerin, die in einem Dorf auf den Golanhöhen geboren wurde. Sie studierte Kunst an der Universität von Damaskus. Ihr Lehrer war der syrische Bildhauer Abdullah al-Sayed.

2

Auf Gigha – Katalogtext für Jaume Plensa

Als *Ein Ort für die Skulpturen von Jaume Plensa.* In: Jaume Plensa. Ausstellungskatalog. Städtische Kunsthalle Mannheim 1997. In: *Portraits*, S. 455 ff. © John Berger, 1997, and John Berger Estate.

Farben, sich selber treu – Katalogtext für Martin Noël

Colours That Remain Themselves. In Martin Noël: *– bis jetzt. Hölzer und andere Arbeiten.* Hg. Stiftung Museum Schloss Moyland. Bedburg-Hau 2004. © John Berger, 2004, and John Berger Estate.

Die vertikale Linie

Als Transkript im Beiheft der gleichnamigen CD veröffentlicht: *The Vertical Line.* London: Artangel Afterlives

1999. Deutsch in: Neue Rundschau 4/2016.

Im Februar 1999 fand in London an mehreren Abenden eine von Artangel ermöglichte audiovisuelle Performance statt. Ort war eine stillgelegte Station der Underground. John Berger, Simon McBurney, der Direktor des Theatre de Complicité, und die Schauspielerin Sandra Voe lasen über Lautsprecher den Text, der zentrale Gedanken und Themen Bergers über Kreuz führt.

Der Ausgangspunkt dieser Reise in die Vergangenheit war Aldwych-Station, die Ende des 19. Jahrhunderts erbaut, aber nie vollständig in Betrieb genommen wurde. Ein Teil der Strecke wurde bis 1904 bedient, und bis 1994 verkehrte ein Shuttle-Service zwischen Holborn und Aldwych, der genau an dem Tag eingestellt wurde, an dem man in der Schlucht der Ardèche den Zugang zur Chauvet-Höhle fand mit den ältesten Bildern der Menschheit. In Holborn liegt das British Museum, das seine Exponate in den Bombennächten des II. Weltkriegs in dem Tunnel in Sicherheit brachte, während Aldwych-Station als Bunker diente: Auf dem Bahnsteig fanden sich immer noch Matratzen aus den Tagen des »Blitz«, wie die Bombennächte heißen.

Die *Shelter-Drawings*, die Henry Moore und Barbara Hepworth in den Londoner Schutzbunkern machten, gehören genauso zum imaginären Inventar dieser Zeitreise wie die Mumienportraits aus Fayum, die Menhire auf Korsika oder die Höhlenbilder aus der Grotte Chauvet: Kunst, die aus dem Dunkel kommt.

Pascal: *Gedanken*. Nr. 47/172. Übersetzt von Ulrich Kunzmann (vgl. S. 143).

Quellen:

John Berger: *Permanent Red.* Essays in Seeing. London: Methuen 1960.

–: *Portraits.* John Berger on Artists. Ed. by Tom Overton. London: Verso 2015.

–: *Landscapes.* John Berger on Art. Ed. by Tom Overton. London: Verso 2016.

Bibliografische Information der Deutschen Nationalbibliothek
Die Deutsche Nationalbibliothek verzeichnet diese Publikation in der Deutschen Nationalbibliografie; detaillierte bibliografische Daten sind im Internet über http://dnb.d-nb.de abrufbar.

3. Auflage 2019
www.wallstein-verlag.de

Vom Verlag gesetzt aus der Stempel Garamond
Umschlaggestaltung: Wallstein Verlag, Göttingen, unter Verwendung einer Zeichnung von John Berger, »Sheep Sleeping in the Shadow of a Tree«, 2009.
Druck: Hubert & Co, Göttingen

ISBN: 978-3-8353-3437-3